The Art Of Possibility

Rosamund Stone Zander
Benjamin Zander

人生が変わる発想力

人の可能性を伸ばし自分の夢をかなえる12の方法

著 ロザモンド・ストーン・ザンダー
ベンジャミン・ザンダー

訳 村井智之

わたしは可能性に住んでいる
散文より美しい家
窓もずっと多く
扉も　はるかに素晴らしい

どの部屋も　誰の目も寄せつけない
ヒマラヤ杉の木立
果てしなく続く屋根は
駒形切妻《ガンブレルズ》の空
訪れるのは　最も美しい人たち
仕事は　これ
小さな両手を大きく広げ
楽園を抱きしめること

エミリ・ディキンスン
『エミリ・ディキンスンを読む』（岩田典子、思潮社）

可能性への招待状

ベンの話

フィルハーモニア管弦楽団を指揮するために定期的にロンドンを訪れ、ホテルで友人と朝食をとっていたときのことです。

「すみません」私は元気よくウェイターに声をかけました。「人生《ライフ》は最高なんだけど、ナイフがないみたいなんだ」

背後でくすくす笑う声がしたので振り向くと、いかにもイギリスらしい、プディングの型をかぶせたような髪型をした十二歳くらいの少女と目が合いました。私たちはにっこりと笑みを交わして、友人との会話と食事に戻りました。

翌日、食堂でまた少女に会ったので、今度は足を止めて話しかけました。「おはよう。元気かい?」少女はほんの少し姿勢を正すと、あごを上げて、瞳を輝かせて、返事をくれました。「最高」しばらくして、少女が両親と食堂を出ようとしたとき、私はいたずらっぽく声をかけました。「最高の一日を!」

「もちろん!」

まるでそれが世界一簡単で、当たり前の選択のような口ぶりでした。

その言葉と共に、少女は可能性に満ちた宇宙への航海に旅立っていったのです。

はじめに

旅に向けて

本書はちょっと変わった実用書だ。競争社会の障害をいかに乗り越え、人よりも前に出るかという戦略を書いた、いわゆる「ハウツー本」とは違う。

本書の目的は、そういった葛藤の世界を飛び越え、可能性に満ちた広大な宇宙への航海に皆さんを導くことにある。

日常生活を送るなかで、「壁にぶつかった」と思うような状況は何度もある。しかしその多くは、自分が前提としている枠組みのなかでのみ、そう見えるだけではないだろうか。同じ状況にあっても、違う枠組みを当てはめれば、何本もの新しい道が見えてくる。適切な枠組みさえ見つければ、毎日素晴らしいことが成し遂げられるはずだ。この考え方を、各章で違った切り口から見ていきながら、人生に可能性をもたらす新しい方法を説明しよう。

チームとして

著者である私たちベンとロズは、ふたつの異なる視点からこの考え方を発展させ、お互いの意見を参考にしながら内容を高めあった。

ベンはボストンフィルハーモニー管弦楽団の指揮者で、教師でもある。高いコミュニケーション能力を持ち、オーケストラ、聴衆、そして一般の人々にも熱心に接している。無限のエネルギーで人を導き、大きなことを成し遂げたい人に手を貸し、最後までその冒険の過程を見守る。

ベンは音楽と講演と活動を通して、人を動かす〝テンポ〟を見つける。変革のテンポというものがあるなら、その鼓動に合わせて動いている。雄弁な語りとユーモア、音楽を使って、頼もしい助け船となるべく、相手の思考や心に働きかける。ふたりの共同作業では、公への声の役割を担っている。

ロズは、個人的な分野で才能を発揮している。セラピストとして家族療法を実施し、達成グループ（個々の目標を成し遂げたい人のためのプログラム）を運営し、さまざまな状況におかれた人々と相対して、問題や対立を変化させる。

その人物が自身をどう評価しているのか、世界をどうとらえているのか。相手の一語一語に注意を払い、その人自身やその人が置かれた状況を別の言葉に言い換える道具を与える。その結果、本人が望んでいた以上の……いや、想像もしなかったほどの成果が現れる。

ロズは新しいものを求める声、現状を変えたいという願いに耳を傾け、それを可能にする枠組み作りの手助けをする。風景画家、また作家として、その視点を取り入れ、可能性の手法を実践する。本書では、ロズが問題をとらえる枠組みを作り、さまざまな状況に置かれた人の物語を紹介する。

私たちはチームで成り立っている。人前に立つ仕事柄、ベンは難しい状況にぶつかることも多く、そのたびに新しいリーダーシップや、新しい概念による枠組みが求められる。問題によっては範囲が広く、単独での対応には限界がある。その場合、ロズが骨組みとなる下絵を描き、解決法を提示して、実践の場でベンが新たな手法を試す。

それが、躍動的で変化し続ける私たちの協力関係《パートナーシップ》の真髄だ。そうすることによって、人が普通に考えるよりもはるかに多くのことが可能になる。私たちはふたりともそう考えている。

芸術の力で

ハーバードビジネススクールプレスから、ビジネスマンや一般読者向けに執筆を勧められたのは、いい機会だった。芸術に携わる人間に、このような機会はめったにない。

歴史を振り返ると、芸術家は、有力な組織に雇われ、確立した規範を感情の面で裏付けする役割を担ってきた。ところが現代のグローバル社会では、そのような大多数の人の価値観と方向性を生み出し、かつ幅広く受け入れられている組織がない。

自由社会では、政府や宗教組織に代わって「市場」が最高権力者としての力を急速に発揮し始めている。市場は価値観なしに動き、人の言葉で対話をすることはない。しかし芸術ならば、ここに新天地を開くことができる。モノや資本の流れに人の意識を反映させ、人と人とのつながりを活発にし、創造と実践の場へと続く新しい扉を開くことができる。

世界の仕組みや構造が根本から変化するなか「自分は何者なのか、何のためにここにいるのか」という問いの答えを、もう一度考え直してみる必要があると思う。

ヨーロッパの選挙で投じられた一票、東京の金融政策、南太平洋の異常な水温上昇が、離れた場所に暮らす人々に直接影響を及ぼす。このことは、人間は自ら行動し、自ら制御できるものだという前提を疑わしくさせる。

「自分は何者なのか」という問いを、これまでのものの見方のなかだけで考え続けていれば、いずれは世の中の動きに対する発言能力も衰えてしまうかもしれない。そこで本書は、自分自身、他人、そして私たちの生きる世界を定義する新しい方法を提案したい。それは、より時代の要求に合った方法でもある。

音楽の比喩を使い、あらゆる芸術の力を駆使しよう。芸術とはそもそも、人間を新しく位置づけ、意外な組み合わせ、多種多様な感情表現、驚くべき存在、そして永遠への飛行経路を生み出すためにあるのだから。

未来を見据えて

曲と同じように、本書にも旋律がある。各章は、独自の主題を持つ変奏曲となっている。

個人と集団の対立は、日常の現実の一部だ。しかし旋律が表現するのはそのような対立の消えた世界だ。この新たな未来像《ヴィジョン》のなかでは、個々の独特の表現が、集団、いや、人類全体の方向性の設定にさえ、不可欠で建設的な役割を果たす。

本書で一貫するテーマは、全員にとって何が最善なのかを掘り下げ、次の一歩を視野に入れるための可能性だ。それぞれの章で、具体的なヴィジョンを実現するための手法を紹介している。どの手法も、人として成長するきっかけとなり、人生だけでなく、所属する組織や人間関係を高めるのにきっと役に立つ。企業経営や結婚生活、あらゆる場面での交渉術や、家庭内の問題解決の参考にしてほしい。

慣習について

社会や企業の慣習は、ある前提――つまり、過去の考え方や状況から生まれた共通の理解に基づいている。たとえその慣習ができあがった時代と現代の環境が変わっていたとしても、古い価値観を「正しいもの」と思い込んだままになりがちだ。日常の慣習はあくまでも正しいと思いこみ、それが世の中の変化に合わせて進化したかどうかという大切な点は忘れられてしまう。

企業文化は、まさにそのようにして生まれ、引き継がれていく。実はずっと前から無益なものになっているかもしれないのに。

本書で提示する手法は「変化」だ。もしかすると、その手法を常識的な世の中の仕組みに照らし合わせたら、不合理で、直観に反したものと感じられるかもしれない。しかしその目的は、世界の本質について独自の前提に基づき、現状をとらえなおすことにある。例えばインターネット、科学の理論体系の変化、新興宗教の広まりなど、過去の変化の現象を振り返ってみよう。

変化とは、新しいものを取り入れようとする説得力のある議論によってではなく、活発で継続的な慣習が生まれることによって、現実の土台としての社会に変化が起きている場合が多い。したがって本書で紹介する手法は、段階的に変化を起こして、古い価値観に基づく新しい慣習ではない。自己を改善することでもない。

物事に対する姿勢、理解、信念、思考過程を根本から変える、しかるべき位置にギアを入れ直すものだ。自分を含め、取り巻く世界を一変させよう。

練習あるのみ

ベンの話

本書で紹介する手法は単純ですが、簡単ではありません。

私がハーバート・ウィザーズ先生のチェロのレッスンでがっかりしたときのことです。当時、先生は八十三歳で、私は十一歳でした。私はある小節を弾こうとしたのだけれど、なかなかうまくいかない。もう一度やってみても、やはり弾けない。三度目も、同じ結果でした。もどかしくて顔をしかめ、弓を下ろしたのを覚えています。するとウィザーズ先生は私のそばにかがんで、小声で言いました。

「何ということだ。三分練習したのに、まだ弾けないとは」

もちろん、これから紹介する手法を身につけるのに三分ではとても足りないでしょう。しかも身につけようとするたび、あなたの身のまわりで考えるもの、感じるもの、見るものすべてが「いいや、それは間違っている」と言ってくるかもしれません。だからこそひたむきに取り組み、思いきって信じ、練習に練習を重ねて、自分のレパートリーに入れてほしいと思います。

ロズの話

十年以上前の夏、私はメイン州のケネベック川で、人生初の急流下りに挑戦することにしました。スタート地点までは、いまにも壊れそうなバスに乗って陸路で向かいます。私はそのあいだ、通路に立ってこの人気スポーツについて説明する女性ガイドの話に注意深く耳を傾けていました。

「もしボートから落ちたら、川底の岩に足を取られないよう、必ず足を上げてください。鼻先につま先、と覚えてください」と彼女は強調し、その場で危なっかしく実践してみせます。座席の背を支えにバランスを取って、片足を鼻のほうに持ち上げて。「それからボートを探して、オールかロープにつかまってください」

ガタガタと揺られながら川に向かう途中、ガイドはひっきりなしにしゃべり続けていました。午前四時の出発だったせいか乗客の大部分はまだ眠い様子で、バスの揺れにさらに眠気を煽られているようでした。そこでまた「鼻先につま先」と聞こえたかと思うと、「ボートを探せ」と声がします。川辺に着くまで同じ言葉を何度も耳にしすぎて、少し頭がおかしくなったように感じられたほどです。

ウェットスーツを着て救命具を身につけた私たちは、川辺で輪になって最後の指示を聞きました。

「ボートから落ちたら、自分自身に何と言い聞かせますか」

「鼻先につま先、ボートを探せ！」全員が声をそろえて返事をします。こんなにくり返させるなんて、このツアーのなかに飲みこみの悪い人でもいるのでしょうか。

いよいよ私たちはボートに乗りこみ、川を下りはじめました。今回の急流下りでいちばんの難所に差しかかったとき、私は急にボートの前にせり上がった水の壁にさらわれました。まるでブラックホールの中に吸いこまれたような感じです。水中で必死にもがくものの、そこには上も下もなく、水も空気も地面もありません。ボートだってはじめからなかったかのような気がしました。方向さえない、とにかく何もないのです。

そのとき、鼻先につま先……その言葉がふいに頭に浮かんで、体を丸くしました。

空気だ。音だ。「ボートを探せ」

自分の頭から聞こえてきたのか、誰かが大声で叫んでいたのかは分かりません。突然ボートが現れ、オールが目に入りました。「オールにつかまれ」

その言葉どおりに動いた次の瞬間、気づくとひとつの世界、ボートの中、水の上にいて、水しぶきを浴びながらケネベック川を下っていました。

この経験以来、私は「ボートから落ちる」という例えをさまざまな状況下にある人々に対して使ってきました。「ボートから落ちる」には、「道をそれる」ということ以上の意味があります。もう道がどこにあるのかさえ分からない状況と言ってもいいでしょう。例えば、綿密なプログラムを組んで運動していたのに、当初の目標をすっかり忘れてしまったり、経営改革が実施されたばかりで慌てふためいている場合にも当てはまります。

いったんボートから落ちると、いくら考えても戻る道が分からなくなります。手がかりもなく、「すでに確立された何か」に頼る以外ない――そう、「鼻先につま先」の標語のようなものに、です。

本書の各章で紹介していく手法には、それぞれ標語がついています。「全部作りもの」『みんなに『A』を』「規則その六」などです。

手法を説明するために、寓話、語りもふんだんに取り入れました。読み終えるころには、標語を見れば具体的な内容を鮮明に思い出せるようになっていることでしょう。「鼻先につま先を」を思い出して、ボートに戻ることができたように。

標語を使う習慣がつけば、確実にボートに戻れるようになります。可能性に満ちた宇宙へと舵を切ったボートの上に。

では、出発しましょう……。

Contents

可能性を実現する
12の手法

手法
1

全部作りもの

靴会社が事業拡大に向けた進出先として見込みがあるかどうかを調べようと、アフリカのある地域にふたりのマーケティング調査員を送った。

ひとりは以下のような電報を打った。

〝絶望的。誰も靴を履いていない。〟

もうひとりは意気揚々と報告した。

〝素晴らしい商機。誰も靴を持っていない。〟

誰も靴を履いていないと解釈した調査員にとっては、あらゆる事柄が絶望的に思えて仕方ない。一方の調査員は、同じ状況を前にして、豊かな市場と可能性をそこに見る。

独自の視点を持って現地に赴いたふたりの報告は、もちろん異なる。人生のあらゆる要素は、言葉で語ることによって形作られる。つまりは語られ方次第、表現次第というわけだ。

このような現象が起きる理由は、単に個人の感じ方や性格の違いではない。もっと、人の根源的な問題に起因している。

神経科学の実験では、おおよそ人は次の順序で世界の理解に至ることが証明されている。

1　そこにあるものについて、感覚が取捨選択した情報を取り入れる。
2　感知したものを脳が独自の伝達情報に置き換える。
3　そこではじめて、人は環境を認識する。すでに描かれた地図、すでに語られた物語、仮説など、世界は人が自ら作った形で意識に入ってくる。

ここで、いまや通説となっている、研究者を驚かせた一九五三年の実験を例に挙げよう。(注1)カエルの目はたった四種類の現象しか認識できないと証明したものだ。それは次の四つである。

●コントラストのはっきりした線
●突然の光の変化
●動くものの輪郭
●黒っぽい小物体の輪郭を成す曲線部

カエルは母ガエルの顔を見ることはないし、夕焼けどころか、色合いを堪能することもできない。カエルが見るのは、餌をとるため、そして餌にされないために見る必要があるものだけだ。おいしい小さな虫とか、急にこちらに向かってくるコウノトリの動きとか。カエルは厳選した情報だけを脳に伝える。固有の認識範囲にあてはまる情報だけを感知する。

カエルよりも複雑ではあるが、人間の目もまた情報を選別している。私たちはすべてが目に見えていると思いこんでいる。しかし、蜂は紫外線で花に描かれた模様を見分け、フクロウは暗闇の中でも物を見ることができる。人間には見えないものを見ているのだ。

どんな生物も、感覚機能は生き残りに不可欠な情報のみを選択できるように細かく調整されている。犬は人間よりも可聴域が広いし、昆虫は何キロも遠くにいるつがい候補から放たれる分泌物質をもとらえる。

私たちが知覚するのは、人間という生体プログラムに組みこまれた範囲の刺激だけだ。すでに頭の中にある地図や分類に該当するものにしか反応しないとなると、認識できるものはさらに限られる。

イギリスの神経心理学者リチャード・グレゴリーはこう書いている。「感覚は私たちにありのままの世界像を伝えるのではない。目の前にあるものについて、その仮説を検証する証拠を提供しているのだ(注2)」

神経心理学者のドナルド・O・ヘッブによれば、「『本物の世界』は作りものだ。この事実を認めれば、科学的考察における奇妙な問題点のいくつかが、容易に理解できるようになる。アインシュタイン自身、目に見える事実のみで論理を組み立てるのは無意味だと、一九二六年にハイゼンベルクに語っている。『現実では、正反対のことが起きている。目に見えるものを決めているのは、理論なのだ』」(注3)

私たちが見ているのは世界の地図であって、世界そのものではない。だとすれば、人間の脳はどんな種類の地図を描く傾向にあるのだろうか。

答えは、生物学における進化の法則のひとつ、適者生存にある。つまりそれは、私たちが生き残るための地図なのだ。生命と肉体を脅かす目前の危機、敵か味方かを見分ける能力、食料、資源、生殖の機会を見つける手段。そういった情報を優先的に得られるように、人間の脳に地図が精密に描かれた。私たちの目に映る世界は、この原則によって整理され、ひとつにまとめられている。そして自分が普段身を置く文化の種類や、人生という旅の過程で各自が学び、形成した価値観によって、たっぷりと肉づけされている。

では、地図や地図における分類のされ方は、どれだけ知覚を支配しているのだろうか。これも有名な実験がある。

エチオピアのメエン族に人や動物の写真を見せたところ、はじめて写真というものを見た彼らは二次元の被写体を読み取ることができなかったという。「彼らは紙に触り、においを嗅ぎ、くしゃくしゃにして、その音を聞いた。ほんの一部かじり、噛んで味を確認した」(注4)

一方、現代的な文化のなかで生活を送る人々は、写真に写っている像と実際の被写体を容易にイコールで結びつける。像と被写体は、きわめて抽象的な意味でしか似ていないにもかかわらず。

こんな話がある。列車の同じコンパートメントに画家のパブロ・ピカソがいることに気づいたある男性は「どうして本物と同じように人物を描かないのですか」とピカソに尋ねたという。

ピカソはそれはどういう意味かと聞き返した。男性が財布から妻の写真を取り出して「妻です」と言うと、こう答えた。「あなたの妻はずいぶんと小さくて平らなんだね」(注5)

メエン族にとっては「それ」をしっかり手にしてはいても「写真」というものは存在しなかった。彼らが目にしたのは、光沢のある紙だけだ。写真のなかの像を読み取ることができるのは、現代的な生活慣習を通してこそで、ピカソにいたっては、写真は被写体とはまったく異なる作りものとしてしか認識できなかった。

人間の頭は、さまざまな事象をつなぎあわせて、都合よく「物語」に作り上げてしまうようにできている。たとえそれぞれの要素、それぞれの事象につながりがあろうとなかろうと。夢の中では、本質的に異なる場面での感覚を結びつけて、強引にひとつの物語にまとめてしまうことが多々ある。目覚めているときは、原因と結果という理屈に支配されて、自分自身の行動に合理的でもっともらしい理由をつけるのだ。この「理由」が真の動機を正確に反映しているかどうかは分からないというのに。

右脳と左脳のあいだに損傷を受けた人々を対象にしたこんな実験がある。右脳だけに、(まあ、何でもいいのだが)例えば、ドアを閉めるように指示を与えると、指示を認識していない左脳は、なぜ自分がたったいまそのような行動をとったのか、「理由」を作り出すのだ。「いやあ、隙間風が入ってきたように感じたもので」などだ。(注6)

「全部作りもの」というこの章のタイトルが指すのは、まさにこういう現象のことである。「いずれにしろみんな作りものなんだから、自分や自分のまわりにいる人の人生の質が高まるような物語や枠組みを、いっそのこと自分で作ってしまおう」ということだ。

文化の違いと同じく、世界の解釈は各人、各グループによって異なる。ならば、独自に解釈している部分さえ取り除けば、確固たる真実にたどりつくのではないかと思う人もいるかもしれない。しかし「全部作りもの」という表現が示すのは、もっと根源的な考えだ。

どんなに客観的になろうとしても、人間はあくまでも脳を通して世界を認識する。たとえ絶対的なものがあったとしても、その存在に直接近づくことはできない。そこで、頭が組み立てる。頭が組み立てた解釈は、広く共有され、私たちの支えになるかもしれない。しかし一方でその解釈は、世界そのものとはほとんど関係がないかもしれない。そもそも、確かめようがないのだ。

「科学とは、既知の事実を土台にして知識を積み重ねていく規則正しい過程である」。この説明はあまりに単純だが、その「科学」でさえ、新しい事実に対する適応能力がなければ発展しない。それまで真実として受け入れられていた理論構造が根本から変化する状況では、なおさらだ。

ニュートンが打ち立てた世界では直線と力の法則が注目され、アインシュタインの宇宙では時空のゆがみ、相対性、不確定性に気づかされた。ニュートン説はいまでも有効である。ただしそれは特殊な場合で、一定の条件下でのみ、有効だとされている。新しい理論は、カエルにとっての夕焼けの色のように、それまで見えなかった現象を「見る」機会を、私たちに与えてくれる。

九つの点を四本の直線を使って一筆書きで結べ

地図、枠組み、理論という言葉を使って何を言いたいのか、理解を深めてもらうため、有名な九つの点のクイズを改めて思い出してみよう。「九つの点を四本の直線を使って一筆書きで結べ」というあの有名な問題だ。はじめての方は、答えを見る前にぜひやってみてほしい。

はじめて挑戦した方は、点で囲まれた範囲で問題を解こうと、頭を悩ませるのではないだろうか。外側の点から出てはいけないと思いこんで。

この問題は、人の頭に起きる万国共通の現象を、実例として証明している。つまり、物事を認識するためには、データを分類しなければならないということだ。

「九つの点」というデータを前にした脳は、それをただちに二次元の正方形として分類する。実際には四角などないのに、四隅の点で四角を作ってしまう。そこで思考は停止し、これ以上打てない楔の釘のように、さらなる可能性への扉を閉ざしてしまう。

ほとんどの人は問題の指示に勝手に条件を付け加えてしまう。あるいはこんな声が聞こえているかもしれない。「九つの点を四本の

外側の点を結んで作られる
四角の外に出ないこと

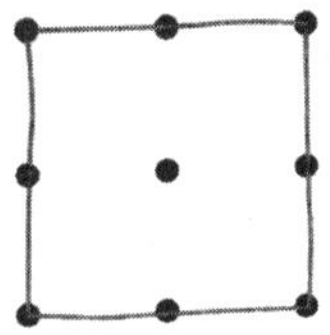

紙全体を自由に使ってもよい

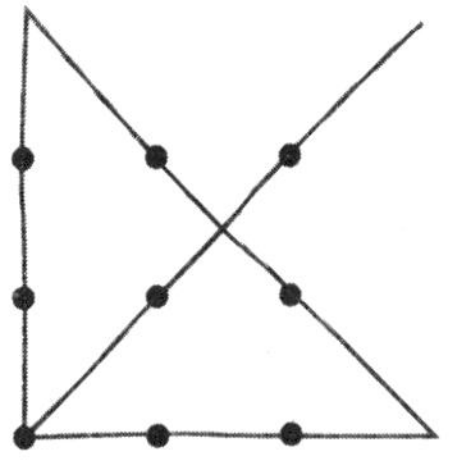

直線を使って一筆書きで結べ。ただし、外側の点を結んで作られる四角の外に出ないこと」。そして実際にやってみて分かるとおり、このような枠組みを作ってしまっては、けっして問題は解けない。

しかし「紙全体を自由に使ってもよい」と言葉を補い、最初の指示を訂正すれば、突然新しい可能性が見えてくるだろう。

点の外側の空間が大声でこう呼びかけているように感じるかもしれない。「遠慮しないで、こっちまで線を引っ張ってこいよ！」

私たちの頭が作り出す枠組みによって、認識できるものが決まり、制限されている。人生で直面しているように感じる問題も、ジレンマも、窮地も、すべて特定の枠組みや視点のなかでしかとらえていないから、どうやっても解決できないように思ってしまう。しかし、それぞれのデータからなる枠を広げたり、思いきって別の枠を作ったりすれば、問題は消え、新しい可能性が現れてくる。

「全部作りもの」という標語で表すこの手法は、本書で紹介する手法のなかで最も基本的なものである。

「全部作りもの」と考えれば、すべては物語の語り方、表現の問題にすぎないということを思い出すだろう。これは一部ではなく、すべての事柄にあてはまる。そして自分がつむぐ物語は、意識下に隠れ、網状に組織化された前提に基づいていることも思い出そう。

この物語――つまり、虚構――に気づき、それらを見分けられるようになれば、たとえその「枠組み」に望ましくない状況が含まれていても、壁という壁を乗り越えられる。豊かな想像力でもって、自分や自分のまわりにいる人の人生を支える状況や、別の筋書きを作り出せる。

どんな状況でも好き勝手にでっち上げて、魔法のように現実にできるというわけではない。固定されている枠組みを柔軟に変えることによって、望む状況が可能になるような前提を新たに生み出そうというのだ。新しい枠組みから泉のようにわき出る考えや行動に身をまかせ、なりゆきを見てみよう。

練習方法

「全部作りもの」の練習方法は単純明快。こう自問することにつきる。

自分が普段前提としていることで、
前提としていることを意識していないものの、
判断やものの見方に影響を与えているものは何だろう?

そしてこの質問の答えが出たら、こう自問しよう。

自分が作り上げられそうなもので、
まだ作り上げてはいないものの、
別の選択肢を与えてくれるものは何だろう?

そうすれば、そこに新しい空間を作り出すことができる。九つの点のまわりには余白のある紙があって、四本の線が五本分の働きをする、先ほどの問題のように。

さて、そろそろ第二の手法に移ろう。そこでは私たちが生きたいと思う新しい宇宙、可能性に満ちた宇宙を作り出すことにしよう。

手法2
可能性という宇宙へ

「全部作りもの」だと分かるようになれば、新しい発想こそが秩序となる人生も作ることができる。そのような「可能性という宇宙」に足を踏み入れるのが第二の手法だ。この空間は九つの点を描いたページのように、私たちを日常の現実に閉じこめる境界線を超えて広がっている。

さて、ここであなたはこう思ったかもしれない。「境界線って？　日常の現実って？」

尺度の世界

ここでは、私たちにおなじみのこの世界を「尺度の世界」と呼ぶことにしよう。いかに評価、物差し、基準、成績、比較が日常の中心的な役割を果たしているかがよく分かると思う。

日常、誰もが成功を求め、よりよい立場を築こうとする。目的を達成するまでには、必ずさまざまな障害に出くわす。例えば他人の存在、時間、資金、力、愛情、資源、精神力の不足などだ。

勝ったり負けたり、受け入れられたり拒絶されたり、希望が膨らんだり絶望に陥ったりするのは尺度の世界の表れだ。そこには無意識のうちに、ある前提が潜んでいる。「人生とは、生き延びて生を全うすること。不足と危険だらけの世界で生き残ること」という前提だ。

尺度の世界では、人生の絶頂期にあっても、この前提が背景にある。そして九つの点のまわりの見えない四角のように、可能性に満ちた世界を覆い隠してしまう。

生き残りを目的とした環境では、その状況に適した反応がある。どれも尺度の世界では一般的なものだ。警戒心、狡猾で戦略的な思考、敵と味方を見分ける目、弱みと強みを見抜く力、必要なものを手に入れるノウハウ、相手を信用するかどうかの見極め、恐怖心などが自分の身を守ってくれる。防御を固める、つまり異質な考えに抵抗することも非常に重要である。

また「目前の対象は何か」「それがどこにあるのか」が分かると、人は安心する。地雷原という言葉が危険を表す例えとして世界中で使われているのはこのためだろう。現実を揺るぎないものととらえ、人、考え、状況を完全に把握し、一定の尺度を持って対応するほうが、より安心できるのだ。

私たちは尺度の世界で育ってきた。この世界では、人や物を評価、比較、対照することによって、判断を下す。子どもをほかの子どもと比べ、地元のテナー歌手が歌うプッチーニのアリアをパヴァロッティの歌と比べ、企業の業績を事前予測と比べて、判断を下す。

状況を評価し、判断し、報告するために、人は個人として、あるいはグループとして、自分たちはほかの人とは違うという立場を取り、少し離れたところから状況を眺める。尺度の司令部から発せられる独断的な「頭の中の小さな声」は、ほとんどひっきりなしに語りかけてくる。

尺度の世界には階級があるようで、団体、民族、組織、場所、考えには優劣があり、強弱がある。

外部と内部を分ける線があり、所属する団体、人種、組織によって、ほかの人よりも安全で、良い立場にいられる。パイの数は限られているのだ。

この成功と失敗の世界では、行動という行動が「優劣の差を克服して勝つ」ことか、「仲間として認められる」ことにつながる。実際、児童書やテレビの特別番組のほとんどはそのパターンだ。

競争力こそが成功への方法であり、勝敗のあるスポーツや戦争が、ほとんどの状況で比喩として使われる。友人との会話でも、自分自身の苦労話や成功談を並べ立てる。尺度の世界では、自分をいちばんに思う気持ちや自分よりも弱い者への同情、失うことに対する恐れ、怒り、絶望、そして言うまでもなく、頂点に立つ爽快感などの感情が人生の浮き沈みに影響する。

「人生とは、資源の限られた世界で生き残りをかけて戦い、とにかく人よりも前に進むことだ」。まるで、前章の九つの点の問題でほとんどの人が「外側の点を結んで作られる四角の外に出ないこと」という条件を無意識に付け加えるように、ぜいたくに暮らしていようと、つつましい生活を送っていようと、ほとんどの人が無意識にこの「見えない前提」を抱いて日々を過ごしている。

「遠慮しないで、こっちまで線を引っ張ってこいよ！」

可能性という宇宙

さて、想像してみよう。尺度の世界の向こうに可能性に満ちた宇宙が広がっていて、すべての世界を包みこんでいる。無限で、創造力にあふれる豊かな宇宙。毎日、生き残れるかどうかという心配をすることもなく、常に不足しているという一般的な前提から解放され、可能性という広大な空間に立つ自分。想像力も、けっして制限されることはない。

可能性に満ちた王国では、創造を通して物事が理解される。「子どもとは本質的に喜びだ」と私たち自身が決めれば、子どもは喜びになる。小さな企業を「意欲満々の会社」と表現することで、そこに属する人々はまさにそのようになる。

言葉が意味の範囲を作り出し、探求すべき新しい世界を開くことを意識して話をする。人生は変化に富み、型から型へ揺らめきながら動き、常に私たちを魅了する。パイは巨大で、たとえ一切れ取ったとしても、すぐにまた元に戻る。

可能性に満ちた宇宙での行動は、常に創造的である。あるいは、「与える」という言葉が持つ意味のすべてをもってすれば、説明できるかもしれない。新しい人生を築く。新しい発想を生み出す。意識的に意味を持たせる。貢献する。状況を受け入れる。人間と物事ではなく、人間とそれを取り巻く環境との関係が強調される世界では、喜び、恵み、畏敬、完全なる全体、情熱、哀れみなど、感情に満ちあふれている……。

これらの感情は、精神世界という特殊な分野のものとして敬遠しがちかもしれない。だが誰の人生にも、世界との圧倒的な一体感を覚え、人生は生き残りの競争だという前提を超える瞬間がある。

例えば、はじめて孫の顔を見たとき、オリンピック記録の更新や普通の人の並外れた勇気を目の当たりにしたとき、人は心を震わせる。ベルリンの壁の崩壊や、二十七年間獄中にあったネルソン・マンデラの解放も、多くの人にとってそんな瞬間だったかもしれない。可能性に満ちた世界への入り口を宗教や瞑想に見出す者もいれば、素晴らしい音楽を通して飛び立つ者もいる。自然の美を前にしたり、偉大で果てしない、どこまでも広がる海や限りなく高い空を見たりして、そのような状態に至る者もいる。完全に我を忘れて、世界の一部となったように感じる瞬間だ。

可能性という宇宙で地に足をつける

人生で成功を勝ち取るか、心穏やかに満ち足りた人生を送るか。

この章は、単純な選択肢を示しているにすぎないと思うかもしれない。しかし、ここで私たちが強調したいのは、まったく違う視点だ。実際、資金や顧客、あるいは発想が足りないと日々嘆くよりも、取引を心待ちにしている新しい顧客が必ずいるはずだと考えたほうが、総じて事業が拡大し、しかも満ち足りた人生が送れる。目標を達成できるかどうかで人生が決まると考えるのではなく、事業の企画や活動に楽しく取り組んだほうが、一般的に、成功する可能性が高い。

それにそのほうが、まわりの人たちともうまくやっていけるだろう。寛大になって、来る者拒まずの精神で物事に向き合い、情熱を持って人を引きこんだほうが、結局は必要なものがたっぷり入ってくる。もちろん、必ずという保証はない。誰にでも門戸を開くことで、状況をコントロールする注意が分散され、リスクも高くなる。より大きな夢を追い求めるために、目先の利益を捨てることになるかもしれないし、結果を予測できない状態で物事を長い目で見る選択に迫られるかもしれない。

尺度の世界では、自分で目標を決め、それに向かって努力する。だが可能性に満ちた宇宙では、舞台を設定したら、あとは展開にまかせるのだ。

生き残りと生き残り思考

多くの人は、日々危険にさらされている。そのような状況にある人は生き延びることに神経を集中させる必要があるし、実際、そうしている。路上でピストルを突きつけられたり、海で方向を見失ったりすれば、誰だってそうするだろう。しかし、これは生き残り思考とは違う。生き残り思考とは、「危険に満ちている人生、持てる力はとにかく自分に注ぐべきだ」という見方だ。

本当に不足していることと、不足「思考」もまた異なる。世界には資源が乏しく、最低限のニーズすら満たせない地域もあちこちにある。しかし不足思考は、裕福な人々にもそうではない人々にもよく見られる考え方で、状況が変わってもその考え方は変わらない。

一七九八年、イギリスの経済学者トーマス・マルサスは、『人工論』のなかでそのような運命論的な考え方を示し、「供給は一定で限りがあり、いずれはなくなるであろう」と予測している。こういう見方をすると、人は自分がどんなに多く持っていようと、保身のためにさらに確保しようとし、ほかの人の持ち分がどんなに少なくても、相手をライバルと見なすことになる。

不足思考と本当の不足は、互いに影響し合っている。本来ならすべての人のニーズに対応できるはずの世界であっても、まわりの人のことも考えずに誰かが狂ったように資源をかき集めれば、うまく回らなくなってしまう。地球の資源を地球が再生できる速度を上回る速さで見境なく使えば、次の世代が受け継ぐべき資源も減少するだろう。

跳躍するために

さて、いよいよ核心だ。可能性に満ちた世界にたどりつくには、どうすればいいのか。

それには、尺度の世界をつなぎ止めている「隠れた枠組み」を明らかにする必要がある。九つの点の外側を結んだ四角のように、その枠組みがいかに人生をがっちり支配しているかさえ分かれば、その向こうにある可能性に満ちた世界にたどりつける。そのためには、まずこう自問することだ。

自分の考えと行動は、いまこの瞬間、どのように尺度の世界を反映しているだろうか。

つまり、生き残りと不足、比較と競争、執着と不安を反映した考え方と行動を見つけていくわけだ。ただし気をつけてほしいことがある。「私の考えは尺度の世界を反映しているだろうか」と自分で自分に評価を下すのではなく、「尺度の世界をどのように反映しているだろうか」と考え方の本質を問うことだ。

自分は例外で、そんな前提に支配されていないと開き直るのは簡単だ。しかし、これもまた尺度の世界における考え方の一例なのは言うまでもない。

例えば、この手の質問は女性よりも競争心が旺盛な男性にすべきだ、と自分が考えていると気づいたとしよう。そしてこの考え方自体が、尺度の物差しが働いている最初の小さな証拠だと気づいたならば、改めて自問しよう。

自分の考えと行動は、いまこの瞬間、どのように尺度の世界を反映しているだろうか。
いまのこの考えはどうだろう。

質問をくり返していると、「前提」が人生のあらゆる側面の根底に隠れており、逃れるのがいかに絶望的か、身にしみて分かるに違いない。そしてそれに気づけば、笑い出したくなるかもしれない。「元気かい？」と誰かに尋ねられれば、自分の価値を狭い尺度で判断したり、人生は戦いだとか重荷だとかと表現したりするのがばからしくなって、無意識に「最高」と返事をして微笑んでいるだろう。それが可能性に満ちた世界に足を踏み入れた者の自然な反応なのだ。

もちろん、実際に到達したと言えるのは、もう少し先の話になるけれど。

手法 3

みんなにAを

南カリフォルニア大学では毎年、在校生二万七千人のうち、厳選された優秀な学生五十人を対象に、リーダーシップを養う講座が開かれていた。講座の採点者には「学期末に受講生の三分の一にAを、三分の一にBを、三分の一にCをつけるように」と大学側から指示が出されたという。ほとんどの受講生は学内のほかの学生よりも水準が高いにもかかわらずだ。普段から熱心で勤勉だったのにCを割り当てられることになった学生は、どんなにショックだったろうか。

このケースだけではなく、多くの場合、採点は実際の成果についてほとんど何も語らない。少なくとも、解釈や数学の問題の解き方の間違いを指摘する場合は、実際の学生の行為に即した事実ともいえるが、B+という採点を与えたところで、学生の理解については何も述べていないに等しい。単にほかの学生と比べているだけだ。

ほとんどの人は、ほかの学生と比べることが採点のおもな目的だと心の底では分かっている。また、採点方式による競争で友人関係がぎくしゃくし、孤立してしまう可能性があることも分かっている。

ミケランジェロは言った。「どんな石や大理石の塊の中にも美しい像があり、不要な部分を取り除くだけで内にある芸術作品が姿を現す」

この考えを教育に当てはめれば、子どもをほかの子どもと比べることには何の意味もないと改めて分かるだろう。石を彫ること、つまりそれぞれの子どもの伸びる力、理解力、自己表現を妨げるものを取り除くことに、すべての力を注ぐべきなのだ。

これが「みんなにAを」と呼ぶ手法だ。

このような接し方を心がけることによって、そこに活気が生まれ、自分も相手も確実に変化する。人に対する態度が変わり、自分の考えや感情を自由に話せるようになる。相手が「なりたい」と夢見ている人物になるのを手助けできる。Aをつけることで、それまで尺度の世界にあった関係が、可能性に満ちた宇宙へと移行する。

この手法は、あらゆる場面でどんな人にも適用できる。ウエートレス、雇用主、義母、相手チームのメンバー、道路を走るほかのドライバーなどにもだ。Aをつけると、相手を自分勝手な判断基準で値踏みすることなく、敬意をもって話しかけるようになる。そうすることによって、相手もまた、改めて自分という人間を知り、お互いの理解につながるのだ。

まだノミを入れられていない、粗い石の中にある像に目を向けよう。

なおここでいうAは、絶対に達しなければならない期待値ではなく、その人自身の内に秘められた「Aになり得る可能性」を意味している。

明るい未来

ベンの話

ある九月の金曜日の午後。ニューイングランド音楽院では、大学院生三十人がその年はじめてのクラスに集まりました。

楽器や歌を専攻する学生たちは、二学期をかけてこの授業を受け、音楽表現の技術を探求していきます。そこには、優れた音楽を作る妨げとなる心理的要因や感情的要因の探求も含まれます。私は「この授業に毎回出席し、教えられる内容を身につければ、演奏でも人生でも飛躍のきっかけとなるものが必ず得られるよ」と、いつも学生に約束しています。

しかし、二十五年間教えているにもかかわらず、いつも直面する問題がありました。それは、授業を重ねるにつれて、学生は自分の演奏の評価に絶えず不安を抱くようになり、演奏でも冒険を避けるようになることでした。

ある日の夕方、失敗の不安を追い払う方法はないものか、私はロズとじっくり話し合いました。

〝最初から全員にAの評価を与えたらどうだろう?〟

ロズも私も、評価自体を廃止すれば、問題は悪化するだけだろうという意見でした。学校側を説得して、そんな計画に了承を得られたとしても、やはり結果は同じだろうと。学生はスターになる機会を奪われたと感じ、他人と差をつけたいと思って、クラスでの自分の位置をまた気にすることになるに違いありません。

そこで思いついたのは、全員の気が楽になる唯一の成績を、評価としてではなく、可能性を開く手段として与えることでした。

「このクラスでは全員にAをつけようと思う」

私は講義で学生たちに告げました。「ただし、ひとつ条件がある。二週間以内に、来年の五月の日付で私に手紙を書くこと。書き出しは『ザンダー先生、私がAをとったのは……』、そしてその手紙に、最高の評価にふさわしいどんなことが五月までにあったのかを、できるだけ詳しく書くように」

来年の自分に身を置き、振り返るように書くことによって、一年のあいだにどんな洞察力を得て、どんな躍進を遂げたのか、すべてを過去のこととして報告してもらうのです。当然、内容は過去形で語られなければなりません。「～したいと思っています」「～するつもりです」「～するだろう」という言い方は一切しないこと。書きたければ、達成した目標や賞を取ったコンクールについて具体的に書いてもかまいません。

そのうえで、こう補足しました。

「けど、私が特に関心を抱いているのは、来年の五月までにきみたちがどんな人間になっているかということなんだ。やりたいことをすべてやり、なりたい自分になったきみたちが、ひとりの人間としてどんなふうに世界を感じるようになったのか、物事にどう向き合うようになったのか、そこに興味があるんだ」

自分が手紙に描く人物を、熱烈に好きになってもらいたいということも伝えて。これはトロンボーン専攻の若い学生の手紙です。この指示をしっかり心に留め、自己実現の詩を書いてくれました。

Z先生
今日、私は自分の名を世界に知らしめました。先生がすでに見抜いていた、私のなかにのたうち潜むエネルギーと強烈な感情。演奏でも言葉でも、どうしても表現できなかったもの。それが今夜、自分のために書かれた新しい作品のプログラムのなかで解き放たれたのです。コンサートが終わっても、誰ひとり動きませんでした。意味深長な、静寂。ため息。そして喝采。私の心臓の鼓動をかき消すような喝采。
お辞儀をしたような気がしますが、いまとなっては思い出せません。拍手があまりに続いたので、華々しいデビューを完全なものにするために、この喜びを詩にして分かち合おうと思いつきました。

隠れるために自分で作った、
仮面と皮膚。

私はそれを脱ぎ捨てた。
私自身のメロディを、
即興で演奏して。
アンコールに伴奏はつけず、
そのあとのことは、ぼんやりとしている。
テクニック、てらい、伝統、練習、過去。
すべてを忘れた。
正直なところ聴衆さえも。
私のトロンボーンから現れたもの、
それは私自身の、
声だった。
笑い声、微笑み、しかめ面、涙。
タッカー精神が、
歌ったのだ。

五月十五日　木曜日の夜　タッカー・ダリン

次に紹介する手紙は、韓国人の若きフルート奏者が書いたものです。このゲームに真剣に参加し、遊び心をきちんととらえて、尺度と競争の文化の中で演奏家が直面する深刻な問題についても触れています。

ザンダー先生

私がAをとったのは、一生懸命に努力し、先生のクラスに参加して講義を受ける意味について、必死に考えたからです。その結果は、とても素晴らしいものになりました。私はまったく新しい自分に生まれ変わったのです。

以前は何事も挑戦する前からうしろ向きでしたが、いまではかつての自分よりもずっと幸せな人間になったと実感しています。一年ほど前は、失敗を受け入れることができず、そのたびに自分を責めていましたが、いまでは失敗することを楽しみ、そこからたくさんのことを学んでいます。

演奏面では、以前よりも奥行きと深みが増しました。以前は単に音を出しているにすぎなかったのが、いまではひとつひとつの音に意味があることに気づき、想像力豊かな演奏をしています。おかげで自分の価値も分かりました。私という人間はとても貴重な存在であると思えるようになり、自分を信じれば何でもできると確信したのです。

貴重なレッスンと講義をしてくれた先生には、とても感謝しています。自分がいかに大切な人間かを改めて知り、なぜ音楽をするのか、その理由がはっきりと分かったのです。本当にありがとうございました。

来年の五月　エスター・リー

この手紙を書いた若きフルート奏者は、こうありたいと思う自分のイメージをしっかり把握しています。そしてそのイメージをもって、失敗するかもしれないという頭の声を絶えずかき消しているようです。彼女は、毎週金曜日の午後に私の講義を受けている学生です。ミケランジェロの大理石の塊の中にいる優美な像のように姿を現して本当の自分をかいま見せる一方で、いま、表現の妨げになっている石の大部分を認識しています。それぞれの学生を覆う石を削り取ること、それが私たちの授業での課題なのです。学生らしい世界の表現と、学生自身とのあいだにある不要な破片を取り除くことこそが、私たちの仕事です。

ザンダー先生
私がAをとったのは、勇気を持って自分の中にある恐怖を分析し、それが自分の人生に必要のないものだと理解したからです。

私は失敗して人に指摘されるのをいつも恐れていました。でも、実際は、音楽的にも人間的にも人に貢献しているという事実に気づいてからは、別人のようになりました。自信がなくて気後ればかりしていた自分はもういません。他人の目に映る自分がすべてだという考え、そのために健気にもみんなを喜ばせようとしていた自分も、過去のものです。

自分をしっかり持って、むやみに他人の言動に左右されることがなければ、努力することと目標を達成することは同じだと、いまでははっきりと言えます。そして私はそのような人間になりました。

人に音楽を伝えたいという情熱も、新たに発見しました。そしてその情熱は、自分に対していつも抱いていた不安よりもはるかに強い気持ちだったのです。

これまでは取るに足らない無名の存在でかまわないと思っていましたが、いまは自分の音楽で世界を変えることができる、その大いなる喜びを受け入れるようになりました。

来年の五月　ジゼル・ヒリヤー

毎回私は熱意にあふれて講義にのぞんでいます。それも当然です。何しろこのクラスは全員がAの学生なのですから。スターに囲まれて午後を過ごすことほどうれしいことはありません。

ほとんどの学生もこの気持ちを共有しているようで、毎週、金曜日の午後に教室へ向かって歩いていると、競争の激しい音楽学校を覆いがちな心配と絶望の雲が消え、それを実感として体験できると言う学生もいます。

先生のクラスに向かって廊下を歩いていると、いつも気持ちが高揚してくるのを感じます。そして教室に着くころには、幸せいっぱいになって、すっかりやる気になっているのです。

カリナ

私たち音楽界の人間は日々、若い音楽家を小さなころから細心の注意を払って育て、並外れた技術、より良い練習習慣、高い演奏能力を身につけるように励ましています。夏期プログラムに参加させ、海外に行かせて異文化をじかに体験させます。そしてそれがすべて済むと、競争、生き残り、陰口、へつらい、不動の地位を求める願望が渦巻く世界へ放りこむのです。そのような状況下で、若き演奏家たちはぬくもり、気品、陽気さ、寛大さ、威厳、感性、愛が求められる名曲を演奏することを期待されます。

音楽家を競争に執着させるのは危険です。偉大な演奏家になるには、必要なリスクを背負わなければばなりませんが、競争ばかりを気にするとそれもできなくなります。音楽は仲介となる人なしには伝えられないし、音楽の命は表現の豊かさにかかっているといっても過言ではありません。

本来何に注目すべきかは、演奏で間違いを犯したときに、はじめて気づくものです。実際、間違いを犯したら両手を挙げて微笑み、「やった！」と喜ぶように学生たちに教えているくらいです。読者のみなさんにも、ぜひこの方法をお勧めします。

間違いだけでなく、「否定的」にとらえがちな経験にも、同じ方法が使えます。

例えば授業のあと、若いテノール歌手がひどくうろたえた様子で話しかけてきたことがありました。恋人を失った絶望から抜け出せず、まるで魂の抜け殻になってしまったようだと言うのです。私は慰めながらも、教える立場にある人間として、内心喜んでいました。

「これでこの学生は、失恋をテーマにしたシューベルトの歌曲『冬の旅』の、胸を引き裂くような情熱を十分に表現できるぞ。先週、彼はこの曲をどうにもとらえ損ねていたからな。これまで失ったことのある愛情の対象といえば、ペットの金魚だけだったのだろう」

私の恩師にして偉大なチェリスト、ガスパール・カサドは、学生に向かってよくこんなことを言っていました。「きみたちは実に気の毒だ。人生が順調すぎる。胸が張り裂ける思いをしなければ、名曲をものにして演奏することはできない」

ザンダー先生

私がＡをとったのは、人生という庭を自ら作り上げる偉大な庭師になったからです。

去年までの私は臆病で、批判的で、何ごともうしろ向きで、孤独で、道に迷って途方にくれていました。何をする気力もなく、愛も、元気も、希望も、感動もなく……。ないものを挙げたらきりがありませんでした。でも、いまは自信を持ってこう言えます。あれほどみじめに感じたことが、いまの私を作り上げたのだと。

自分を愛し、それゆえに音楽、人生、ほかの人々、自分の演奏、みじめに思うあれこれも含めて、愛することができる人間。まだ花開かないバラのつぼみと同じく、自分の中にある雑草をも愛しく思える人間。今日という日を愛する私は、明日が待ちきれません。努力して報われる。そんな毎日を送っていれば、それ以上のものはいらないでしょう。

ソヤン・キム

人生の秘訣

ベンの話

「みんなにＡを」と題した実験を始めて数週間後、「いずれ実力を示さなければならないのに、学期のはじめにAをもらうというのはどういう気持ちか」と学生たちに尋ねたことがあります。

その質問に手を挙げたのは、意外にも、台湾の学生でした。外国語で話すとなれば気後れして当たり前ですが、アジア人学生が授業中に進んで発言するのはきわめて珍しいことです。アジアの学生は概して非常に優秀であるにもかかわらず、なぜ進んで発言しないのか？　その理由について、実際に数人のアジア人学生から聞いたことがあります。アジアの一部の文化では「正しいこと」が伝統的に重視される傾向にあり、教師は常に正しく、学生にとって間違いを犯すのを避けるいちばんの方法は、何も発言しないことだというのです。

もちろん私は、率先して手を挙げたこの学生の意見を聞くことにしました。「台湾では」と学生は説明を始めました。

私は七十人の学生のうち六十八番でした。それがボストンに来て、突然ザンダー先生にきみはAだと言われて、とても混乱しました。

三週間、頭が混乱した状態が続いていました。六十八番の私が、ザンダー先生に言わせればA……六十八番なのに、A。でもある日、気がついたんです。六十八番よりも、Aのほうがずっとうれしいって。だから私は決めたんです。自分は間違いなく、Aなんだって。

この学生は鋭い直観で「人生の秘訣」を見出したのでしょう。そう、自分に与えられていた評価は人間の作りものだということ、すべてはゲームだということに気づいたのです。六十八番もAも、どちらも作り上げられたもの。だったらいっそ、自分とまわりの人の人生を明るくするものを選んだほうが賢明だと。

もちろん、まだ何もしていないのにAをつける考え方を快く思わない人もいるだろう。実際に誰が何をどの程度達成したのか、そこをあいまいにして、他人との差をはじめから否定しているように映るのかもしれない。しかし私たちはけっして、達成の度合いに目をつむろうと提案しているわけではない。

きちんと音を出せないバイオリン奏者の演奏は誰だって聴きたくないし、課程を修了していない医者に診てもらうなんて問題外。専門分野で適切な能力を身につけたかどうか、その知識の幅を定義するという意味では、一定の基準は参考としてたしかに役に立つ。

本書で言う「A」は、尺度の世界の評価と同じようにも見えるが、ある基準に照らして人の能力を評価するという意味でこの記号を使っているわけではない。私たちがAをつける理由は、若いうちから意識が「評価」という概念でしばりつけられないようにするためで、教師と学生、経営者と従業員など、あらゆる人間関係で双方の可能性を広げるために考え出した手法だ。

「みんなにAを」の手法を使えば、教師は基準を通して生徒に向き合うのではなく、成果を出そうと努力する生身の学生に歩み寄ることができる。教師と生徒、あるいは経営者と従業員は、同じ考え方を持つチームとなって力を合わせ、素晴らしいことを成し遂げられる。基準ばかりを重視すると、両者の力の差が不和を起こしたり障害になったりして、せっかくの生産や発展のエネルギーが奪われてしまうことになりかねない。

基準を利用するうえでの問題点は、教師であれ、学校であれ、最高責任者であれ、経営陣であれ、自分の価値観を基準にしてしまう罠に陥りがちになることだ。経営者が自分のやり方で仕事が行われなかったことを知って、最後の手段としてこんな圧力をかける例は山ほどある。「きちんとやってくれ、私のやり方でな」

その瞬間、革新性や創造性は押しつぶされてしまうことになる。そして学生や従業員は、教師や上司を喜ばせるために必要なこと、うまく立ち振る舞うことだけに焦点を当てるようになる。

流儀や興味が自分と違う学生に対する失望がそのまま教師の評価となって表れると、「学生が何をどの程度学んだのか」という本当に重要な情報のかわりに、評価する側の視点によって、不十分だった点だけが強調される悪循環に陥ってしまう。

卒業課題

ロズの話

私も高校生のときに、英文学の教師とまったく同じような衝突をしたことがあります。ひとりの作家の作品を一学期をかけて総合的に研究する卒業課題に取り組んだのですが、私は課題をぎりぎりまで提出しないことで有名で、このときも例外ではありませんでした。ナサニエル・ホーソーンについて書こうと決めたものの、大部分の作品を読んだところで突然気が変わってしまったのです。

提出期限まであと二〜三週間という時期になって、ようやくトーマス・ハーディにしようと決め、最後の日は徹夜で作業をしました。強烈なプレッシャーと、作家への関心が集中したことで、翌日は学校の休み時間をすべて作業に当て、無我夢中でタイプを打ち続けました。

予想どおり五時十分前に完成した草案を提出しましたが、教師は私の計画性のないやり方に苦言を呈したくて仕方なかったようです。私はカモの羽毛が水を弾くかのように、教師の説教を聞き流しました。課題自体は第三者、私たちを知らない他校の教師が評価することになっていました。

その後二週間、クラスの仲間たちは不安を胸に結果を待ち、ついに結果が返ってきました。教師はひとりひとり励ますように微笑んで、課題を手渡していきます。けれども私の前に来ると、急に不満げになって、表情をこわばらせたのです。私の不安は一気に倍増しました。おそるおそる課題を裏返し、評価を確認すると、なんと、くすんだ濃い鉛筆で力強く「A」と書かれています。読み手のコメントには「発想、組み立て、文体、文法が素晴らしい」と書いてありました。

もちろん、担当教師には別の目的があったのでしょう。事前にきちんと計画を立て、一定のペースで作業を進めるという経験をさせたかったようです。実際、彼女にはあとでこう言われました。「あなたがあんなに高い評価をもらったのは、とても残念だったわ。最悪の評価をもらって、準備することを学んでほしいと期待していたの」

その瞬間、私は日当たりの良い校庭から追放されたような気分になりました。毎日、夢中で遊んでいた大好きな場所。単なる個人的なやり方の違いだと思っていたものが完全に否定されて以来、私はぎりぎりに仕上げるという自分のやり方を正当化し、誇りを持つようになりました。

いま思えば、私のためを思ってこその厳しい言葉だったのでしょう。もっと難しいことに取り組むときにも、こんなやり方を続けていたらうまくいかないと思ったのかもしれません。結果的にAをとったことで、自分のやり方を安易に肯定し、別の方法を試そうとしなくなるのではと。

けれども、もし「やったわね」と喜んでくれていたら、私たちは一緒にゲームを楽しむことができたかもしれません。期限よりもずっと前に下書きを提出させて、もっと良くなる可能性を提案してくれていたら、私は間違いなくゲームに参加したはずです。相手に歩み寄り、創造的な方法で誘いこんでくれていれば、教師は指導者としての役割をさらに発揮できたに違いないと思うのです。私たちの言い方をすれば「私にAをつけていれば」、その行為によって、教師自身もAをとれたに違いありません。

可能性に満ちた世界では、文字どおり、あるいは比喩的な意味でＡをつけることによって、教師が学生に、経営者が従業員に歩み寄ることになる。その結果団結力が生まれ、目標に向けて努力すること自体が、活気のあるゲームになるのだ。ゲームでは、一定の基準が方向性を示す目安となる。学生が目安に達すれば、チームとして順調な進展を遂げていることになる。教師は自分の考えを強引に基準に結びつけないし、学生もゲームの結果を自分に結びつけない。教師の仕事はＡをつけた学生に歩み寄り、能力と表現を妨げるものを排除することにあるので、基準とは自ら距離を置く。

Ａが人を共通の目的のもとにまとめる

指揮者と百人近い演奏者の共通の関心事、つまり偉大な演奏という目標を持つオーケストラでさえ、基準が大混乱をもたらす場合がある。

指揮者という役割の者がみな全能というわけではない。価値観や先入観にとらわれることなく、自分がどう演奏の質を高めているか、低めているか、その見極めができる指揮者ばかりではない。オーボエ奏者がリードを唇に当てて重要なソロに入る直前、指揮者を見る。その瞬間オーボエ奏者は、テンポ、フレーズの取り方、形、リズム、色彩、そして曲の性格に関する情報と同時に、自分に対する評価もメッセージとして受け取る。そしてその評価は、ほかの要素と同じくらい演奏を左右する。

無条件にＡを与えれば、協調が必要なチームワークや人間関係にヴィジョンがもたらされる。私たちひとりひとりが、自分の中にまだ余分な石で隠された優美な形があるかもしれないと気づくことによって、全体としてもうまく機能するようになる。

明確なヴィジョンがない状態では、それぞれが独自の価値観で動き、共通の関心を持つ者を探し、一方で共通点が少なく見える人をないがしろにすることが多い。無意識のうちに演奏者、従業員、愛する人を自分の基準で判断し、せっかくの順風を逆風に変えて、自信を失わせてしまう。

けれども、人間関係すべてにおいてAをつけることが習慣になれば、常にお互いに歩み寄り、足並みをそろえて進んでいくことができる。Aが人生の質を高め、人間関係を円滑にし、その状態を保っていくことになる。

ターニャの弓

ベンの話

ロンドンのフィルハーモニア管弦楽団とマーラーの交響曲第九番のリハーサルをしていたとき、バイオリン奏者のひとりがあまりにだらけた姿勢で座り続けていたことがありました。総仕上げのドレスリハーサルでも、それは変わりませんでした。本番が近づき、ほかの演奏者の意気込みや熱意が目に見えて向上する一方で、彼女の対照的な態度は目にあまりました。

演奏自体は、プロとしてまったく問題ありません。しかし、どんな作品も台なしにしかねない無神経な態度は、強烈に胸を締めつけるマーラーの最後の作品には特にふさわしくない。

私はリハーサルが終わったあとでこのバイオリン奏者のもとに行き、「何か問題があるかな」と質問しました。彼女の答えは意外なものでした。

「この弓の使い方はザンダーさんが決めたのですか」

私が、前回のボストンでの演奏で使ったものだと答えると、彼女は言った。

「この弓使いをするには、曲のテンポが速すぎます。弦をとらえきれないんです」

弓を速く動かし、かつ弦に圧力をかけて大きな音を出す難しさは、私にも分かるつもりです。そこで、ではテンポを下げてみようと提案すると、相手は驚いて言いました。

「とんでもない。ご自分で感じたように演奏すべきです。私はただ、聞かれたから答えたまでのことです」

私にとって、これは思いがけないことでした。演奏者の態度、姿勢、気持ちまでもが、弓使いに結びついているとは……。オーケストラの指揮者は、たとえどの楽器にも精通しているつもりでも、実際には音楽を演奏していないことを忘れてはなりません。

弦楽器奏者でもある私は、弓の動きにはとりわけ敏感になっているつもりでした。ところが、曲にふさわしいテンポを際限なく追求し、マーラーが表現する胸を締めつけるような長い旋律や荒れ狂う熱情を再現しようとするなかで、テンポが少しばかり上がってしまったのでしょう。おかげで、この奏者にとってきわめて大切な弦をとらえる感触が犠牲になってしまったのです。その結果、世界の一流オーケストラのバイオリンセクションの貴重な一員が不快な気分に陥り、ついにはあきらめの境地に至ってしまった。これでは代償が大きすぎます。

私はいつも、コンサートの日は、午前中のリハーサル後にホテルの部屋に戻ってたっぷりと睡眠をとり、シャワーを浴びるようにしています。そしてイングリッシュマフィンふたつとスクランブルエッグとおいしい濃い紅茶の食事をとり、会場に戻って、恒例となっているコンサート前の気軽な講演をするのです。

しかし、今回はすべて変えました。ホテルに戻ると、午後はひとつひとつのパッセージをバイオリンで弾くことを想像しながらマーラーのスコアを読みました。明らかにすべてが速すぎるわけではない。このパッセージだろうか。あるいはこれだろうか……。

その晩の演奏では、ターニャに弓の問題が起こったと判断した部分を少しゆっくりさせてみました。演奏中に何度もターニャのほうに目をやってみると……、そこに座っているのは、感動し、大胆に感情を表し、すっかり曲に心を奪われた演奏者でした。

たとえターニャがうわの空で演奏に参加していたとしても、まともな演奏以上の出来映えにはなったでしょう。しかし、一パーセントでも情熱的な演奏者が増えたことの効果は、一パーセントどころか、絶大なものになります。

ターニャと私の心が通えば、私自身も曲や指揮に没頭できます。彼女を取るに足らない犠牲者としてしか見ていなかった時点では、何らかの理由で演奏に打ちこんでいない事実を目の前にして、それを気にしていないふりをしなければなりませんでした。そんな中途半端な状態で本番にのぞんでいたら、ターニャを見ることと無視することの両方にエネルギーを無駄にしていたに違いありません。

演奏会のあと、ターニャの姿はどこにも見当たりませんでした。そこで数週間後に連絡を取って、本番直前の助言のお礼を言うことにしました。「きみのおかげで満足のいく感動的な演奏ができたよ」と伝えたかったのです。フィルハーモニアの事務局に電話番号を聞き、ボストンからターニャの住むロンドン郊外にかけてみました。

私が名乗ると、電話口の向こうでターニャが動揺しているのが、その声から聞き取れました。指揮者から自宅に電話をもらうのははじめてのようでした。

マーラー第九番の演奏への貢献に対して、心から感謝の思いを伝えると、ターニャはとても喜んでくれました。マーラーはターニャのお気に入りの作曲家で、どの曲も大好きで、彼女にとって前回の演奏は、音楽家人生のなかでも最高の水準だったということでした。

私がこの経験で学んだ教訓はこうです。

「最も打ちこんでいないように見える者は、最も献身的な一員かもしれない」

皮肉屋とは、別の言葉で言えば、もう落胆したくないと思っている情熱家なのです。一流のマーラー演奏家であるターニャは、また落胆するのが嫌で、積極的に仲間入りしないことに決めました。そして私はそんな彼女から貴重なレッスンを学びました。相手に働きかけるときには、斜に構えた部分ではなく、情熱に訴えるのが秘訣だと。

実際、最初にターニャに話しかけたときも、反抗的で力相応の役割を果たしていないことを責めるつもりは少しもありませんでした。この演奏家は音楽を愛し、コンサートの成功を願い、弦をとらえたがっている。そう理解したうえで、すでに彼女にAをつけていたのです。「何か問題があるのか」と質問したのは、一緒に取り組んでいる活動に相手が完全に打ちこんでいると信じたうえで、何らかの理由で苦労していると判断してのことでした。

次のシーズンにフィルハーモニアの指揮に出向くと、ターニャは熱烈に私を迎え入れてくれました。そしてターニャというバイオリン奏者との経験を通して、団員全員とも、より温かな関係が築けたように感じられました。

マーラー第二番のリハーサルの休憩中、軽快な感じを強調してウィーンのワルツ風の第二楽章に取り組んだあとのこと。私が新しい友人であるバイオリン奏者の隣に座ると、ターニャはつぶやくように言いました。「ほんのちょっと遅くはないですか」

「Aをつける」手法は、何かに貢献したいという、人間なら誰しもが持つ願望を引き出し、気づかせてくれる。その願望を実際に表現するのに、どれだけ多くの障壁があろうと。

もちろん、上司、演奏者、高校生が無関心である事実を受け入れ、あきらめる選択肢もないわけではない。しかし「何かを変えてもっと良くしたい」という満たされない熱望を、敬意を持ってくみ取るという選択肢もある。

リハーサルのあいだずっと乗り気でなかったターニャのように、すっかりあきらめた様子のティーンエイジャーをよく目にする。だが無条件に永遠のAをつければ、どれだけ相手に対する理解や話し方が違ってくるだろうか。

相手とのやりとりのなかで何が起ころうと、はなから否定することなく、ありのままを受け入れれば、必ずつながりは得られる。「若者は家族や地域に本当の意味で貢献できる分野を探し求めている」、そのような確信と共に接すれば、若者に与えられるべき重要な役割があまりに少ないことに気づくはずだ。そもそも人間として成長できるような機会や目的がない状況で、自分は取るに足らない存在だと考え、傍観者となってしまうのは当然のことだ。問題はそこにある。

第二バイオリン奏者　自分は取るに足らない存在だと考える習性について

ベンの話

A評価をめぐる最初の議論と興奮がおさまると、金曜日の授業で学生たちに予言がてら忠告することがあります。「まもなく頭の中でこんなささやき声が聞こえはじめるだろう」と。

わざわざこの授業に出る必要はないのでは？　もうAをもらっている。それに、することだって山ほどある。自分の練習も必要だ。どうせ人数の多いクラスだし、先生も気づきはしないだろう。

「これはだね、蔓延する『第二バイオリン奏者』という病気の最初の症状だよ」

「第二バイオリンを弾く」、一般に「脇役を務める」とも表現されるこの「病気」は、グループ内での役割があまり重要ではない（例えば第二バイオリン）と感じる人が特にかかりやすいものです。

オーケストラの弦楽器奏者は自分自身を「掃き捨てるほどいる歩兵」と見なし、巨大なエゴの塊で気まぐれな指揮者が放つ砲弾の犠牲者だと感じるようになっていきます。同じパートを弾く奏者はほかにも大勢いるからです。基本的にソリストである第一トランペットやおもな管楽器奏者とは状況が違います。

入団したての弦楽器奏者には、たいてい強い熱意があります。夜は自宅に自分のパートが載っている楽譜を持ち帰り、時間を見つけては念入りに繰り返し練習します。ところが、譜面台を共有する相手が何年も前に練習をやめ、調子を外しても、指揮者は気にしないばかりか、聞いてもいないようだと感じるようになると、ただちにこの病気の兆候が現れはじめます。

一方で、第一オーボエ奏者がリード作りをやめたり、リハーサルを欠席したりするのは考えられませんし、そんなことをすれば確実に目立ちます。私は長い年月指揮をしていますが、第一オーボエ奏者がリハーサルに遅刻してきたことはなかったように思います。最初に全員で音合わせをするときに、彼がラの音を出さなければならないことが理由かどうかは分かりませんが。

「そういうわけで、『疲れたから今日の授業はサボろう』とか、『することが山ほどあるし、行っても行かなくても変わらないし』とかいう〝第二バイオリンの旋律〟が頭の中でかすかにでも聞こえてきたら、自分がAの学生だということを思い出してほしい。Aの学生はどのクラスでも、ほかのみんなをリードすべき奏者であり、けっして欠くことのできない声だ。その声がなければ、クラスの音楽自体が成立しないんだ」

以前、スペインの小さな店の外で、こんな大きな看板を見ました。

靴屋と第二バイオリン教室のアルヴァレス

謙虚すぎるアルヴァレスは、無意識に生徒の向上心を妨げ、取り返しのつかないことになるのでは、と他人事ながら案じた記憶はいまでも残っています。

しかし、ジュリアード弦楽四重奏団を作った第二バイオリン奏者のロバート・コフと弦楽四重奏をする名誉に恵まれたとき、私は第二バイオリンこそ、この四重奏団の真のリーダーだと確信しました。

コフが私たちより抜きん出ていたからではありません。コフは自分のパートで内なるリズムとハーモニーのすべてを表現していました。コフの演奏は明確で、威厳があって、私たちほかのメンバーは、非常に大きな影響を受けました。コフは「第二バイオリン」で全員を導いていました。

真に偉大な弦楽四重奏団は、四人の奏者ひとりひとりがリーダーとしての技術と自覚を持っているのです。

ロズの話

ある年、二学期に入ってしばらくしたころ、「ヨーロッパで指揮をしているあいだ、自分の代理として音楽院の大学院の授業をかわりにやってくれないか」とベンに頼まれたことがあります。舞台に上がる機会の多い音楽院の学生は、緊張に対処する方法に常に関心を抱いているようです。だから私が何か鍵になることを教えられるのではないかと思ったのでしょう。

けれども学校へ向かう車の中、わけの分からない緊張感に襲われているのは自分のほうであることに気づき、動揺しました。思考の中では、これからの二時間に対する恐怖が渦巻いています。青ざめた表情で震えながら学生の前に立ち、人前で演奏する不安について話す自分の姿を想像して、壇上で恥をかいているイメージしか浮かんできません。

とにかく恐怖心を抑えようと、「落ち着くのよ」と自分に言い聞かせるものの、まったく効果はありません。私は不安を抑えられない自分を叱りつけました。こういうとき「これから講義をする学生にどんな評価をつければいいのか」などということは、すっかり頭から吹き飛んでしまっています。

学生の前に立っても、とてつもない不安にまだ自分を見失っていました。けれど、実際に話しはじめると状況は変わりました。

「私はいま、ここに来られてわくわくしています（嘘が真実に変わっていく）。なぜなら……（この時点ではまだ続きの言葉は見つかっていない）、……なぜならみなさんは芸術家で……私が強い関心を持っているテーマ、つまり創造性について話すのに、これ以上の相手はあり得ないからです」

すると一瞬にして、すべてが真実になりました。こちらに注目する学生全員にAをつけ、「仲間」と見なしたとたん、学生はまさに私が話をしたかった相手になり、私自身もまさに来たかった場所に来ていたのです。対象が学生でも、オーケストラでも、組織でも、自分が選んだ相手であれば、一緒に楽しく活動して成果を上げられる人だと思えるのは当然のことでしょう。

時間はあっという間に過ぎました。学生たちは自分の生き方や、情熱的かつ創造的に人生の質を高める筋書きをそれぞれに作り、そこから多くを学んでくれました。舞台度胸の問題の解決法は、人生の秘訣同様、「すべては作りものだ」ということにあったのです。

> Aをつけることは、連動する視点を根本的に変えて、すべては作りものだという認識を持つことにほかならない。Aは作りもので、六十八番は作りもので、そのあいだにあるどんな評価もまた、作りもの。

この手法は単に、否定的な考えを「肯定的に解釈する」、あるいは「相手の最もいい部分を見る」「過去を水に流す」やり方と何ら変わらないと思う人もいるかもしれない。けれども、それとはまったく違う。Aをつけた相手の行動を、その評価でかばい立てる必要はない。

いくらひどい行動をとろうとも、その相手と真実を語りあう価値は常にあるということだ。〝凶悪〟という刻印を押された殺人者でも、人間性や自制心を完全に失ったことを自覚している人間として受け止めれば、Aをつけられる。いつも不機嫌で、怠け者で、自分の殻に閉じこもったティーンエイジャーの娘にだって、Aをつけられる。

朝遅くまで寝ている状況に、すぐに変化は見られないかもしれない。けれども、起きてきてからの娘との会話には、確実にいつもと違ったものを感じるだろう。自らの選択でAをつけた娘は、どんなに厚い壁で心を閉ざしていようと、本質的には人と関わりあいたいと願っている人間に見えるに違いないのだ。たとえ相手が口を開かなくても、あるいはその時点では混乱していて返事をしなくても、気持ちが通じあっていることは確信できる。

Aをつければ、自分と違う見方に寛大になって、あるがままを受け入れることができる。実際、Aをつけた相手でなければ心から耳を傾けないものだし、人の話に心から耳を傾けるというめったにない機会にこそ、新しい視点を真に理解できるチャンスがあるのだ。

日常の尺度の世界では、自分の機嫌や偏見で相手に対する評価が上下する場合が多い。ある問題で意見が食い違った相手の評価を下げ、二度とその人の意見を真剣に聞こうとしなくなることもある。そして評価がころころ変わるたびに、九つの点のクイズの四角のように、新しい評価が相手とのあいだの可能性の限界を決めることになるのだ。

マーラーとカトリン

ベンの話

私の指揮するボストンフィルハーモニー管弦楽団の団員が、子どもの関心と理解力に対する先入観や期待を一切捨てたときに起こる奇跡を見せてくれたことがあります。

楽団は秋にマーラーの交響曲第九番を演奏することになっていました。きわめて難しい曲なので、事前に全員にテープを送り、夏のあいだに曲の感じをつかんでもらうようにしました。バイオリン奏者のアン・フーパーは、家族でメイン州の沖合の島に滞在するときにテープを持参し、大型ラジカセで曲をかけていたそうです。

五歳になる姪のカトリンが足を止め、しばらく耳を傾けたあとで質問しました。「アンおばちゃん、この曲、何の曲？」

アンはその場で不思議な話を作り、姪に語ってあげました。暴れ者の恐ろしい竜とお城に閉じこめられたきれいなお姫さまを登場させ、九十分の曲に合わせて、王子さまとの恋物語に膨らませました。

次の日、カトリンがきれいなお姫さまの曲をまた聴きたいと言ったので、アンはテープをかけ、自分が作った話を曲の途中でときおり語って聞かせました。

カトリンの要望に応えて、三度目にかけたときでした。カトリンは半分くらい聞いたところでこう尋ねたそうです。「アンおばちゃん、この曲は本当は何の曲？」

アンは驚いて五歳の姪の顔を見つめ、それからマーラーについて本当の話を始めました。とても悲しい人生を送ったこと。子どものころにきょうだい七人を病気で亡くし、家の中にいつも棺おけがあったこと。父親がアルコール中毒でいつもつらく当たられ、病弱な母親は怯えてばかりいたこと。最愛の娘を四歳で亡くし、その喪失感を生涯乗り越えられなかったこと。ユダヤ人だという理由でウィーンのオペラ座の要職を辞めさせられたこと……。

「そして、この交響曲を書く少し前に、心臓が弱いから長くは生きられないとお医者さんに言われたの。だからマーラーは、この曲でみんなにさよならを言って、人生を振り返っているの。とても悲しい部分が多いのはそのせいね。最後には、消え入るように終わるわ。自分の死を想像して書いた曲なの。最後の呼吸として」

アンは説明を続けました。

「といっても、マーラーはいつも悲しんでいるばかりではなかったわ。自然をこよなく愛し、力強く泳ぎ、歩くのが大好きだった。笑うときは豪快で、生きることを精いっぱい楽しんでいた。そしてそれらは、すべて曲に現れているわ。自分の病気、乱暴な父親、病弱な母親の弱さに対する悲しみや怒りに振り回され、苦悩していただけではない。マーラーは人生のすべてを交響曲に入れるべきだと考えていたの。だから注意深く聴けば、想像できるあらゆるものが聴こえてくるのよ……」

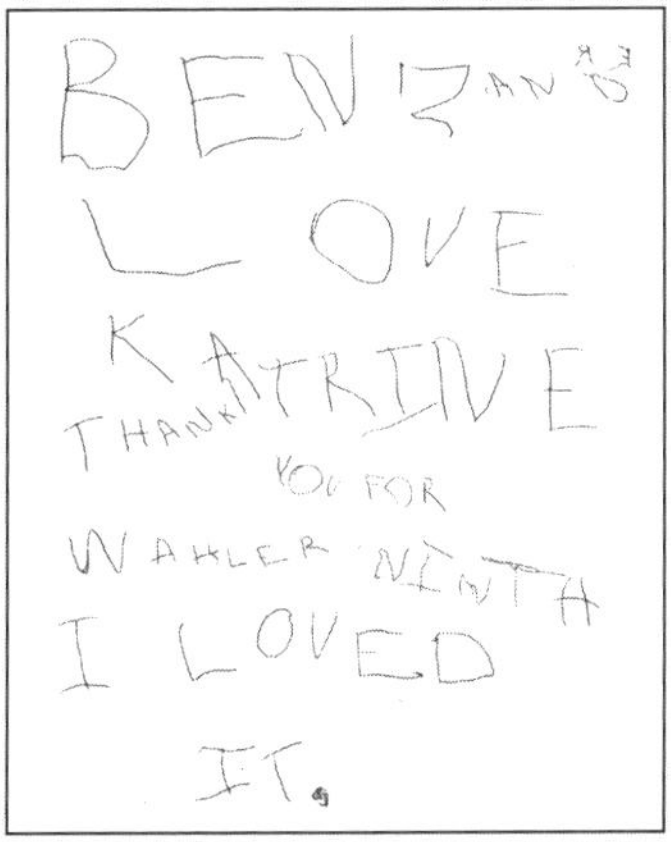

ベンザンダさんへ
マーラー九ばん
どうもありがとう
すごくよかった
カトリン

次の日、カトリンはアンのもとに駆け寄って言いました。

「アンおばちゃん、アンおばちゃん、今日もまたあの男の人の音楽を聴いてもいいでしょう？」

もちろん、その提案に異論はありません。ふたりは次の日も、そのまた次の日も、マーラーを聴きました。カトリンの両親の話では、結局その夏は百回近く聴いたといいます。

十月にはニューヨーク州北部からボストンまで車で四時間かけて、家族全員でジョーダンホールに演奏を聴きに来て、カトリンは最初から最後まで目を見開いて座っていました。

そして後日、私あてにお礼の手紙が届きました。

私はどこに行くのにもこの手紙を持ち歩いています。

これを見るたびに、いつも思い知らされるのです。私たち大人が子どもの情熱と驚くべき能力に注意を向けることがいかに少ないか。それどころか、見ようともしないこともあります。そんな状況では、子どもにＡをつけることすら難しくなってしまいます。

アメリカ初の黒人最高裁判事だったサーグッド・マーシャルが最高裁を去るとき、最も誇りに思っている実績は何かと尋ねられ、ただこう返事をした。「その時々の状況で最善を尽くしたことだ」自分を認めるという意味で、これ以上の言葉があるだろうか。彼は自分にAをつけた。そしてそのうえではじめて、ほかの見方を取り入れていたら違う対応をした案件もあったかもしれないと、判断の誤りについて語った。

自分にAをつけるのは、自慢することでもうぬぼれることでもない。自分が成し遂げたことを得意げに言いふらすのとも、まったく次元が違う。

無条件にAをつければ、自分の人生にかけていた成功と失敗という枠を外し、尺度の世界から可能性に満ちた宇宙に移ることができる。ありのままの自分を見て、ありのままの自分でいられる世界では、何かを抑えたり、否定したりする必要もなくなるのだ。

過去を再構築する

Aの手法は、自分の過去を根っこの部分から変化させる貴重な機会を与えてくれる。いまでも判断のよりどころとなっている、過去に誰かにつけた評価を見直すことができる。

記憶の中の「幼いころの真実」にこだわり、それが子どもの評価にすぎないということを忘れてしまうのは、よくある話だ。個々の足かせとなっている物語（記憶）を、より賢明な話に置き換えることによって、解放への道筋を作る。そうすることで子どもじみた恐れからも解き放たれ、長年の心理的な障害を一掃することができる。

過去を変える原動力は、往々にして、現状に対する絶望感からもたらされる。「どうも思うようにいかない」。そんな挫折をくり返し味わうことで、変化を求める気持ちが芽生える。この段階にいたっても、状況をひたすら分析し続ける人もいるようだが、人間の分析力はたいして役に立たない。みんな自分のやり方にこだわっているからだ。

「どうすれば人を変えられるだろう」。あまりに不運が続くと、人は自分自身が問題だとは気づかない傾向にあるらしく、建設的な答えはめったに出てこない。そんな悪循環を断ち切るためにも、今後は自分が人につけている評価に注目してみよう。

ロズと父親

ロズの話

これは数年前に発見したことです。いつものように夫と疲れる議論をし、ふたりともいら立って少々やけになっていました。そこで私はひとりになる時間を作り、非難したり相手のせいにしたりする普段のやり方ではなく、Ａの手法を使ってみることにしました。

過去を深く掘り下げて現在を解釈する訓練はよくしていましたから、まず人生で最初に出会う男性、つまり父親にどんな評価をつけたのか、その評価をつけた理由について、私は改めて考えてみました。父は十年ほど前に亡くなっていましたが、父の記憶と共に、自分がつけた評価もよみがえりました。

両親は私が生まれてまもなく離婚し、以来、父親と会う機会はめっきり少なくなりました。私が六歳か七歳になるまで、父は再婚相手や子どもと一緒に近所に住んでいました。私と姉はほぼ一週間おきに父に会いに行っていたけれど、父が新しい家族を連れて遠くに引っ越すと、おのずと疎遠になっていきました。

その後、姉は父とふたりきりで深海釣りの冒険旅行にフロリダに行き、私はそれから二年待って、今度は私をどこかに連れて行ってほしいと父にお願いしました。八歳のときのことです。父は拒否しました。十代のときにもう一度頼んだけれど、期待した答えは得られず、行くなら姉も一緒にということになりました。ようやく父とふたりだけで過ごす機会を得られたのは、十八歳になってからです。

二十代になった私は、父が別の目的地に行くためにニューヨーク市を通るたびに、ほんの短い時間でも会いに行きました。当時、人生は父の思いどおりにはいっていなかったようです。退職してフロリダで悠々自適に遊んで暮らすのを楽しみにしていたけれど、その夢はかなわなかったようです。衝撃的な連絡を受けたのは、それからしばらくしてからのことでした。突然、死んだというのです。それも、自らの手で。六十五歳でした。

それから数年後、私はひじ掛け椅子に座り、自問をしました。

父は自分を愛していたと思うか。思わない。けれども公平に考えてみれば、愛せなくて当然だったのかもしれない。父は私のことをほとんど知らなかった。それが問題なのだと、私はずっと思っていた。何せふたりきりで過ごした時間が少なすぎたのだ。

そんな父を私はどう評価したのだろうか？　B、もしかしたら、C。でも、その根拠は？　自分の娘だというのに、私を知ろうとしなかった。父は私を知らなかったし、愛してもいなかった。私という人間を知っていれば、もっと知る時間があれば、きっと愛してくれたに違いない……。

椅子に座ったまま思考を展開させていくうちに、自分の立てた前提があまりにひどいことに気づきました。しっかり筋が通っているように見えるけれど、私は父が自分を愛していなかったことを前提としています。この前提をほかの人間関係にもあてはめていないかと自問すると、やはりそうであると分かりました。実際、親密な関係を築いている相手は、すべてその枠に入っています。自分が愛されていないと感じたときは、こちらの要望を伝え、それが理解されて認められるように辛抱強く努力するのだけれど、結果としていつも挫折感が残っています。

「Aをつける」手法を使っていたら、父との関係は変わっていたでしょうか。窮屈なこの枠から抜け出すことも可能だったのでしょうか。

「父は私を愛していた。少なくとも、ある程度は」。あるいはその前提から出発するべきなのかもしれません。でも、そこからどこに行けばいいのだろう。数々の事実をどう解釈すればいいのだろう……。

それでも私はこう口にすることで、父にAをつけました。

父は私を愛していた。

「まあ、父が私を愛していたとあえて言うのだから、少なくともある程度は、父は私のことを知っていたと言えるのかもしれないわ」

父は私を愛していて、私のことを知っていた。

では、どうして私と一緒に過ごしたがらなかったのか。

どうして連絡が途絶えたのか。

答えは新しい前提からおのずと明らかになりました。

父は私を愛していて、私のことを知っていて、私に何もしてやれないと感じていた。

そう、父は自分に満足していませんでした。そして自分は価値のあることが何もできないと感じていたからこそ、自らこの世を去ったのではないか。

そう理解した瞬間、はじめて父のために涙があふれてきました。いえ、私たちのための涙かもしれません。どちらかは分からないけれど、けっして自分を哀れむ気持ちからではありませんでした。それまで勝手に信じこんでいた憶測よりも、解釈し直した考えのほうがより現実的で、賢明になった私に強く訴えかけてくるようでした。

ほかの人間関係も同じ視点で見つめ直してみると、パートナーに選んだ男性をつかまえて、自分を愛してもいないとか、知りもしないとか決めつけるなんて、いかに滑稽なことかと思い知りました。だいたい、理解され、認められるためにそこまで必死にならなければならないなんて、なんと疲れることでしょう。

私は違う筋書きを作りはじめました。「夫はもちろん私を分かっていて、愛していて、私のためにできるかぎりのことをしようとしている」。

それからは夫と話すときは、Aの枠の中で、つまり、私の話を聞く力も意思もあると定義した相手として話をしました。

この姿勢を実践しているかぎり、ふたりの会話のほぼすべては、これまで想像もできなかったほど実りあるものになっています。

父との関係を見直した数日後、地下室で見つけた本箱をかき回していると、まるで強い意志を持っているかのように、手紙が足元に落ちました。父の筆跡で、二十年ほど前の日付。私ははじめて目にしたかのようにそれを見つめました。「父からは一度も手紙をもらったことがなかったはずでは」、そんな錯覚すら覚えたほどでした。

ロザモンドへ
会えてうれしかったよ。ロザモンドには人に協力して、人を助ける仕事を選んでもらいたいと父さんは期待している。そういう仕事につけば、きっと才能を発揮できるんじゃないかな。
父より

こういう人間だと思ってもらいたかった。そう願ったとおりの私を、父は知っていたのです。人生とは不思議なもので、心からAをつけたとたんに、ベールの向こうに隠れていたかのようにすべてが姿を現します。急に手紙が出てきて、記憶がよみがえったのも、ほんの一例にすぎません。新しい展開は次々に起きます。人間関係そのものが問題でなくなったら、今度は何を作り出したいのか、具体的に自問してみましょう。

親がAをつけてくれなかったと信じこんで苦しむ人は多い。

「他人は変えられないから」と何度助言されようと（しかも親身になって、哀れんだ様子で）ほとんどの人は墓場に埋まるまで変えようと努力し続ける。たしかに格言めいたこのアドバイスは真実だが、それは人や物の性格が固定されている尺度の世界での話だ。一方で、可能性に満ちた世界では、私たちは人を変えることができる。自分の言葉で語りかけることによって、確実に相手が変わっていくのだ。「実際は何が変化をもたらしているのだろう?」そう疑問に思うかもしれない。答えは「人間関係」だ。可能性に満ちた世界では、すべてがつながりあって展開していく。

次の手紙の送り主である男性は、Aの手法の話を聞き、音楽の力に身を委ね、実際に自分の人生を書き換えた。しかも、わずか半日のあいだに。

ベンジャミン・ザンダー様

ロングアイランド北海岸ユダヤ人医療団体の経営陣を対象とした講演、興味深く拝聴しました。講演後、すぐにも副社長（なかなかの肩書きでしょう?）の仕事に戻るべきなのは分かっていましたが、その前にひとりの時間をとって、今日のザンダーさんの言葉、力、ユーモアにどんな影響を受けたか、簡単にお伝えしたいと思った次第です。

先ほどザンダーさんに声をかけ、講演を通して父親と感情面で「再会」したと申し上げたのは私です。父はドイツ系スイス人でした。私には大人になってから自分の中で何とか説明をつけようとしていたことがあります。それは、共に過ごした二十五年間で、父が私に一度たりとも「愛している」と言えなかった理由についてです。もちろん家族でいろいろなことをしましたし、私自身が五人の愛らしい子どもの父親になる喜びを味わうなかで薄れはしたものの、戒めという形での父の「教え」はいまも心に刻まれています。

ショパンを演奏する前に、もうこの世にいない人のことを思い出してくださいと、ザンダーさんはおっしゃいましたね。私は曲を聴きながら父のことを思い、長年つきまとって離れない疑問について改めて考えました。父はなぜ「愛している」と口にできなかったのだろうかと。

すると、まるで雷に打たれたように、四十五年以上前のある出来事を思い出したのです。私は子どものころ喘息を患っていて、父が厨房の仕事から帰宅しても、玄関に走って出迎え、抱きついてキスをすることができない夜が何度もありました。母親に無理をしてはいけないと言われたからというのもあります。そんなとき、私は二階でベッドに入ったまま、あえぐように呼吸をくり返し、期待を胸に待ったものでした。父が様子を見に上がってくるかもしれない。そしてひょっとしたら、そう、ひょっとしたらはじめて「ただいま、ジャノット、愛しているよ」と言ってくれるかもしれない。結局、そんな言葉は一度もかけてもらえませんでしたが。

しかしあなたの音楽を聴いているうちに、ある晩の記憶がよみがえったのです。もう四十五年も前のことですが、そのときも私は具合が悪く、部屋のベッドに横になっていました。すると父が二階に上がってきたのです。この晩はいつもと違いました。父は私のベッドに座り、私が上半身を起こして次の呼吸をしようともがいていると、しばらくのあいだやさしく髪をなでてくれたのです。このままずっとそうしてくれたらと思ったのを覚えています。

今日、あなたのショパンを聴きながら、涙が出てきました。たしかに父は「愛している」という言葉は口にしませんでしたが、その気持ちは力強い手で幼い私の髪をなでる仕草に強く現れていたのです。実際、父がわきに座ると、喘息の発作は不思議とやわらぎました。

なぜこの出来事のことをすっかり忘れていたのでしょう。父親を遠ざけてしまいたいという思いで記憶から葬ってしまったのかもしれません。自分がかわいくない子どもであったこと、父が仕事、仕事、仕事のただの冷たい人間であることを、証明し続けるために。しかし、そうではありませんでした。父はいろいろなやり方で私に愛を示していたのです。

生きていくなかで、私たちは「明確なメッセージ」を見つけようと必死になっています。その一方で、自分のまわりや心の内に常にメッセージがあることに気づいてはいません。「自分たち」が望んだり求めたりするとおりのメッセージでなければならない。そう思うのはいい加減やめて、求めるものはいつだって目の前にあるかもしれないという可能性に心を開くべきなのです。

感謝を込めて　ジョン・イムホフ

人は自分の想像する範囲の恵みしか得られない。A評価は家族、職場、社会に可能性の光を放ち、力を与え、喜びと表現をもたらし、才能と想像力を花開かせる。その光がどこまで旅をするのかは誰にも分からない。Aをつける手法に神の恵みを少し加えた古い寓話を紹介しよう。

修道士の話

ある修道院が困難に陥っていた。かつては絶大な力を誇っていた組織だったが、十七〜十八世紀の宗教迫害で支部という支部を失い、修道院本部の修道士はわずか五人に減り、大修道院長を含め、ほかの四人も七十歳を越えていた。組織の存続は風前の灯火だった。

修道院を取り囲む森の奥には小屋があり、近くの町のユダヤ教の指導者《ラビ》がときおり庵《いおり》にしていた。ある日、大修道院長は修道院を救う助言をもらえればと、庵を訪ねてみようと思い立った。ラビは修道院長を歓迎し、同情した。「お察しします。人々は心を失ってしまったのでしょう。教会堂に来る者も、いまはほとんどいません」。年老いたラビと大修道院長は共に嘆き、ユダヤ教律法の教えを読み、深いテーマについて静かに語りあった。

帰るときが来て、ふたりは抱きあった。「こうして時間を共に過ごせて光栄でした」と大修道院長は言った。「ですが、ここに来た目的をまだ果たしていません。どうか、修道院を救うための助言をいただけないでしょうか」

するとラビは答えた。「残念ながら、助言できることはありません。ただ、ひとつだけ言えることがあります。みなさんのうちのひとりが救世主であることです」

修道士たちはラビの言葉を聞かされ、どういう意味だろうと考えをめぐらせた。「メシアが私たちのなかに、この修道院にいる。つまりそれは大修道院長のことだろうか。もちろん、そうに違いない。長いあいだ私たちを導いてくださったのはほかでもない、大修道院長だ。しかし、もしかするとブラザー・トーマスのことかもしれない。ブラザー・トーマスは真の聖人と呼べる人物だ。おそらくブラザー・エルロットのことではないだろう。あまりに気難しすぎる。しかし、とても聡明な人間であるのは確かだ。ブラザー・フィリップである可能性も低い。ひかえめで、おとなしすぎる。だがその一方で、不思議なことに、いてほしいときにはいつもそこにいる。まさか自分ではないだろう。だが、もしそうだとしたら？　ああ神よ！　あなたにとって私がそこまでの意味を持ち得るなんて、とうてい考えられません」

各自がこのように考えているうちに、年老いた修道士たちは互いに強い敬意を持って接するようになった。何しろ自分たちのなかにメシアがいるかもしれないのだ。しかも、ひょっとしたら自分がメシアである可能性もあるので、自分に対しても強い敬意を払うようになった。

修道院がある森は美しく、ときおり人がやってきてピクニックをしたり、古い小道を散歩したりしていた。ほとんどの道は、荒廃した礼拝堂に続いている。人々は、五人の年老いた修道士が強い敬意のオーラに包まれているのを感じ、それが修道院全体の雰囲気に浸透しているのを感じるようになった。

やがて人々はひんぱんに訪れ、友だちを連れてくるようになり、友が友を呼んだ。森を訪れた若い男性の中には修道士と話す者もでてきた。しばらくして、自分も修道士になりたいと言う者が現れた。そしてまたひとり、またひとりと仲間が増え、数年もたたないうちに修道院はかつての活気を取り戻した。

ラビの贈り物のおかげで、生き生きとした真の共同体として、光と愛を王国全体に広めていったのである。

手法4 貢献する

海岸をぶらぶらしていると、男は儀式舞踏をしているような若い女の姿を目に留めた。かがんでは立ち上がり、体を伸ばして、弧を描くように腕を投げ出している。

近づくと、女の足元には無数のヒトデが散らばっている。どうやら浜辺に打ち上げられたらしく、一匹また一匹と海に投げている。男はからかうように言った。「砂浜は見渡すかぎり、数キロ先までヒトデで埋め尽くされている。何匹か救ったところで何の意味がある？」

女は微笑みと共にかがんで立ち上がり、海に向かってヒトデを投げると、穏やかに言った。「この一匹にとって意味があるのは間違いないわ」

私たちは幼いころから、成し遂げるべき課題、到達すべき目標が目の前にあると思っている。人生が障害物競争のように思えることも幾度となくある。大きな成功を勝ち取るため、それを妨害するものについてたくさんの議論をする。この話に出てくる男性は、障害のみを見て、無数のヒトデについて話し、若い女性に無駄な行為だと警告した。ヒトデはいかんせん多すぎる、時間は限られている。人も資源も足りない。成果のほどが見えづらい……。

しかし、これは救出活動の「成功」や「失敗」の話ではない。全体の何パーセントが助かった、死んだという話でもない。過去を描写しているのでも、未来を予言しているのでもない。読んで分かるのは、若い女性が微笑んでいて穏やかなこと、踊るように動いていること、それだけだ。物事の進み具合に対する、おなじみの評価はどこにもない。人生を貢献の場として、人を貢献するものとして表している。善意ある行動をどの程度したのかは関係ない。私が語るべきは、このような話だ。

夕食どきの卓上ゲーム

ベンの話

私は伝統的なユダヤ人家庭に育ちました。温かい愛情に満ち、食卓にはいつもチキンスープが出る、という要素とは別に、子どもたち全員が「成功」するという前提のもとに毎日がありました。はっきり口に出されることはないものの、家族の会話の端々に期待が込められていたのです。

例えば夕食の席では、いつも両親がテーブルの両端に向かいあって座り、四人の子どもがそのあいだに座る。そして父親はまずいちばん上の兄のほうを向いて質問します。「今日は何をしたんだい?」すると兄は自分がしたことをすべて、えんえんと説明します。次に二番目の兄が同じ質問をされ、その次は姉。

私の番が来るころには、すっかり緊張してみじめな気分になっていました。何か重要なことをしたと思える日はほとんどなかったからです。それにこの質問は「何をしたか」ではなく、「何を成し遂げたか」という意味なのは分かっていたので、多くを達成した兄や姉にはかなうはずもありません。私は心の底流に不安を抱えて育ち、その感情は中年になってもなかなか消えませんでした。成功への欲求と失敗への恐れは、いわばコインの表と裏のように、切り離せない関係にあります。表裏一体の心理に責め立てられ、並外れた努力をし、自分はもちろん、周囲の人間も相当苦しめられました。そして驚いたことに、次々に成功したところで、緊張はほとんど弱まる気配もありませんでした。

ですが、そんな状況が冷や水を浴びて一変しました。二度目の妻が私との結婚生活に終止符を打ち、去っていったのです。

当初、けっして耳を貸そうとしない私に向かって、妻はこう主張しました。「これからも関係を保っていきましょう。そしてその形を作るのは私たちよ」と。たしかに結婚生活はうまくいっているとは言えませんでした。「新しい形を作るのよ。お互いに貢献しあえる形をね。そのためには、ありのままの自分でいられる距離を置く必要があるわ」

二度の失敗によって私は理解しました。すべては作りものであり、成功のゲームは文字どおり「ゲーム」にすぎない。それなら、別のゲームを考えればいいのです。

新たなゲームを「貢献」と名づけました。成功と失敗と違って、貢献には逆がなく、比較によって達成するものでもありません。このゲームでは「これで十分だろうか」という恐ろしい疑問や、もっと恐ろしい「ありのままの自分が愛されているのか、それとも成功した事実が認められているのか」という疑問を、「今日はどんな貢献ができるだろうか」という楽しい質問に置き換えられるのです。

子どものころの夕食どきの卓上ゲームでも、大人になってからの成功・失敗ゲームでも、自分の考える他人の基準で自分自身を評価している点では変わりませんでした。

いずれにしても、何をしたところでこれで十分ということがないのです。自分が指揮している楽団のほかに、もっと成功をもたらしてくれるのではないかと思う楽団が常にあって、指揮台に立っていてもどこかうわの空の部分になったり、デートに出かけても、気づくともっといい相手はいないかと肩越しに振り返ってしまったり。

その行為が成功につながるかどうか、その基準のみで行動を評価するあまり、仕事でも私生活でもなかなか心の平静を得られませんでした。

指揮者として、演奏者や楽団の事務方に野心をあらわにすることも日常茶飯事でした。どれだけ支援を得ようと自分のことが信頼できませんでした。

当時の私がしていたのは、競争ゲームです。そのゲームでは、自分の味方、つまり同じ目的を持つ者とは手を組みます。一方で、別の方向を目指す者を信用するわけにはいかない。自分が欲しいものを手に入れられなければ、元も子もないからです。

それが一転、「貢献」ゲームを始めるなり、自分が指揮している楽団以上の楽団はない、自分がいま一緒にいる人以上の人はいないと実感できるようになりました。そもそも、そこには「以上」という概念がない。「貢献」ゲームをしていると、自分は他人にとって恵みのような贈り物なのだという思いで、毎日気分よく目覚められます。

もちろんこの新しいゲームを始めることで、自分がどんな立場や地位にいるのか、いくら稼ぎたいのかという問題が魔法のように消えるわけではありません。この種の問題は一時的にでも、別のルールで人生が展開する別の名前の箱にしまい込むのが賢明でしょう。

本書では人生のさまざまな活動を「ゲーム」と呼ぶが、活動そのものが取るに足らないとか、どうでもいいとかという意味で使っているわけではない。一般に認められている物事のやり方には暗黙のルールがあり、私たちの行動はこのルールに支配されている。だがそれは、野球選手がルールに従って試合をするのと同じことだ。

ゲームをするとき、人は事前にいくつかの制限を設けて、自分の能力を試せるようなやりがいのある内容にする。野球では打者がボールを打つが、ヒットになるのは、ボールが九十度の角度で引かれた一塁と三塁のベースラインのあいだに落ち、空中で捕球されず、打者がボールよりも先に一塁に着き、タッチアウトにもスリーアウトにもならない場合などに限られている。ボードゲームの「スクラブル」では、プレイヤーはゲーム盤上に最も点数が高くなる単語を作るが、使えるのは手持ちの七つの文字、しかも辞書に出ている単語しか認められない。

野球やボードゲームの楽しみの半分は、特殊な環境で勝つために、技術を研ぎ澄ませ、応用しなければならない点にある。ゲームが終われば、その環境をあとにしたり、しまい込んだりすることができる。握手をしてもう一度戦うこともできるし、次の行動に移ることもできる。ゲームには日常の厳しい状況から一瞬にして私たちを引き離し、人と人とを結びつけ、成長を促すような場を提供するという性質がある。

仕事や家族のしきたりなどをゲームに例えることの目的はふたつある。ひとつは柔軟性を培い、「生き残りゲーム」から「成長の機会が得られるゲーム」へと即座に状況を変えられるようにすること。もうひとつは「この世界でやりたいゲーム」を想像できるようにすること。自分の活動を〝ゲーム〟と呼ぶことによって、数々の縛りから解き放たれ、本当の自分を取り戻すのだ。

まずはゲームの箱のフタをよく見ること。そこに人生を輝かせるルールが書かれていないなら、そのゲームは捨てて、もっとしっくりくるものを選び、新しいゲームに心から打ちこもう。そのとき「すべては作りもの」であることも忘れないでほしい。

練習

この章の練習は自分や他人を「貢献」と考えることで、以下の手順で行う。

1　自分は「貢献」だと宣言する。

2　方法や理由は分からずとも、とにかく変化をもたらす者として自覚を持ち、人生に全力投球する。

「貢献」ゲームには、数々の対立を実りある経験に変化させる、驚くべき力が秘められている。

貢献する二世代

ロズの話

私がカウンセリングをしたあるご夫婦は、長年とても鬱々とした気分で人生というゲームをしていました。もちろん「貢献」ゲームを知る前の話です。ロバートもマリアンも学問畑の人間で、お金の問題、つまり赤字ばかりが続く家計にずっと悩まされてきました。子どもはひとりが大学生、もうひとりもこれから大学入学をひかえており、入念に資金計画を立てても、納税の時期が来ると結局赤字になってしまうというのです。

マリアンの母親はかなり裕福だけれど、カルバン主義に傾倒していて、つつましさと経済的自立を重んじています。毎年四月になると、マリアンは低姿勢で母親のところに行き、赤字を埋めるお金を頼み、母親は母親で毎年、計画の立て方が悪いと説教をしてからしぶしぶその額を渡すのです。

問題の納税期が訪れたのは、マリアンの相談を受けはじめて約六カ月後のことでした。マリアンは毎年恒例の母親訪問を前に、いつになく怯えた様子でカウンセリングに来ました。「今年は二千ドルを頼まなければならない」と言います。どうにか乗り切るのに夫婦で何度も計算したのだけれど、最低でもその額が必要だということでした。

マリアンはこんな状況にある自分に腹を立て、いつも助けを求めづらくしている母親にも腹を立てるようになりました。自分の娘たちがそれぞれに何とかやっていこうと必死でがんばっているのに、裕福な母親は悠々自適に人生を送っている……。恨みすら抱きそうな状況の中で、マリアンは感情を抑えるのも困難なようでした。

私は「貢献」ゲームの視点からマリアンの苦境について考え、尋ねました。「お母さんはあなたが哀れな声で、卑屈になって無心する姿を見たいかしら?」

さらにこう尋ねてみました。「二千ドル渡しても、娘の哀れな状況は変わらず、支払いに必死になっているのを見て、満足しているかしら?」

マリアンは首を振り、顔を上に向けて、涙をこらえています。

「本当に生活が楽になって、将来の計画が立てられるようになるには、いくら必要なの?」

私は質問に答えようと必死に考えるマリアンの顔を見つめました。やがて口にされた金額は、頼もうとしていた金額の二十倍でした。

私はマリアンにこう考えるように言いました。「母親はその額を支援することによってマリアンの家族に貢献することになる。そしてそれ以上に重要なのは、マリアン自身が母親に貢献することにもつながる。娘の家庭が経済的危機の瀬戸際から脱することも、ひとつの貢献の形なのではないか」と。

当然、すぐにそのように頭を切り換えるのは簡単ではありません。マリアンにしても、自分が敗者ではなく、一族に貢献するメンバーであると考えるのは難しいようでした。けれども、これこそ乗り越えなければならない壁なのです。

結局マリアンは意を決し、その週末に母を訪ねました。自分で思い描いた自分の人生、そして自分の家族の人生に、熱意を持って取り組んでいる意思を示すために。その実現の手助けをする機会を母親に与えることによって、一族のメンバーひとりひとりに良い効果がもたらされると確信して。

「それで、どうなった？」

私は次の面会のときにマリアンに質問しました。その答えは彼女の表情を見れば明らか。実家を訪ねて本当によかったと思えたのは、大人になってからこれがはじめてだといいます。母親は娘のために前向きな行為をしてやれる機会にすぐに飛びついたようでした。

「でも、話はまだ半分」マリアンは笑いながら言います。「家に帰ったら、留守番電話にふたりの姉からメッセージが入っていて、いったい母親に何があったのかと知りたがっていたんです。どうやらふたりにもいきなり同じ額のお金をあげたらしくて！」

「貢献」ゲームをすると、変化するのはけっしてひとりに限らない。尺度の世界を構築する個々の壁や所有欲を乗り越えて、不足を意識しすぎるあまり窮屈になった構造も、豊かな広がりの中に作り替えてしまう。それが、「貢献」ゲームによってもたらされる変化なのだ。

池の波紋のように

ベンの話

仕事を成功のための舞台ではなく、貢献の場として定義し直す。そんな喜びを経験して以来、私は音楽院の学生にこのゲームを紹介する方法を考えるようになりました。

新年度の最初の授業でAの手紙を書かせる一方で、もうひとつの課題を与える。この一週間で自分がどう「貢献」したかを、授業中に書かせるというものです。学生は当然、音楽での「貢献」を考えるのですが、「貢献」と呼びたいものならどんな発言や行動でもかまわないのです。年配の女性が道を渡る手助けをしたことでもいいし、ボーイフレンドの過ちを正したことでもいい。

この練習は学生が自分をどのように考えているか、その認識の仕方に驚くべき影響を与えます。本来するべき練習をしなかったとか、いかに無責任だったか、あるいはいかに不親切だったかは、一切問われません。「貢献」という見地からだけで自分の言動を説明します。そして、これから一週間自分がどう「貢献」しているか意識して過ごすこと、と伝えて次回までの課題とします。ただ意識するだけで、何かをするわけではありません。

次の授業で、起きたことや目にしたことを話し合います。三つ目の課題は、その実践。次の一週間、貢献する存在として、池に落ちる小石のように社会に飛びこみ、自分のあらゆる行動から水平線を越えて波紋が広がる様子を想像します。

この練習には、楽器の技術的な練習と並行して行うべき心理的な訓練の側面があります。いわゆる、精神の鍛錬です。偉大な演奏家になるには、舞台での緊張に負けてはなりません。「貢献」の練習は、機械に油をさし、より効果的な媒体となってブラームスやベートーベンのメッセージを伝えるひとつの方法です。

「自分がピアニストだと想像しよう」と学生に向かって説明します。

「その自分が、ショパンの前奏曲ホ短調になじみのない、いや、おそらく一度も聴いたことがない人に会ったとする。その人と並んでピアノの前に座って、きみはこう言う。『右手のテーマを聴くんだ。四つの小節の上が弧でつながっていて、そのあとの旋律がひとつ下がっている。左手の和音が絶えず変わって、そのたびに旋律に変化を与える……』相手に逐一説明し、音楽を共に楽しむ興奮の中で、緊張する暇などあるかね？　もちろんない！　演奏もまさにこれと同じなんだ。きみたちには曲の美しさと芸術性を聴衆に指し示す役目がある」

ニューイングランド音楽院で私のクラスにいたレイチェル・マーサーは、学期末に以下のような手紙をくれました。

> 私はいまや可能性という宝を手に入れ、自由自在に使いこなせるようになりました。自分の行動のひとつひとつで世界に影響を与え、みんなにメッセージを送り、感動と幸福の波を地球

全体に広げる。音楽とは指や弓や弦の使い方ではなく、すべての人のあいだに流れ、心と心を結びつけている震え、心臓の鼓動のようなものだと実感できたのです。私の役割、そして使命は、人生のあらゆる局面で、その切れやすく目に見えない命の綱を解き放ち、支えていくことです……。

自分や他人を「貢献」する者として意識すると、おのずと利己的な考えから離れ、人との結びつきが深まり、人生そのものがより良い変化をもたらす舞台となる。

「貢献」ゲームの報酬は奥深く、永続性がある。「成功」ゲームの勝者が手にする金、名声、権力といったものよりも予想がつきにくく、それが何であるかも、どこから来るかも分からないが、それが可能性の醍醐味でもある。

サラの移動

ベンの話

私の講演を聴いたという若い女性から電話があり、近くのユダヤ人の老人ホームで話をしてくれないかと頼まれたことがあります。

手帳を確認するとその日の午後はあいていましたが、週末の演奏会を含め、ほかにもたくさんの仕事を抱えていて、もうひとつ増やせば大変なことになるのは目に見えています。それでも、父が晩年を同じような施設で過ごしたことを思い出し、自分の常識に逆らって招待を受けることにしました。

特にそれ以上は考えることなく当日を迎えたものの、思った以上に仕事は山積みになっていました。その日の朝にワシントンからボストンに飛んできたばかりで、講演、講義、授業、演奏会の準備もあり、老人に囲まれて貴重な午後を無駄にしている場合ではありません。土壇場で約束をキャンセルしようとしたものの、担当の女性が「みんなとてもがっかりする」と残念そうに言うので、また父のことを思い出して結局行くことにしました。ただし、三時きっかりに帰らせてほしいという条件で。話をするのは二時からの予定でした。

会場には二時十分前に着いたのですが、やけに陰気な部屋で、五列目の折りたたみ椅子に老女がたったひとり座っているだけでした。私はサラと名乗る女性としばらく話をし、もっと前の席に移るように勧めましたが、サラは断固としてゆずりません。「私はね、いつもここなの」

そこで私はあくまでも穏やかに言ってみました。「いいじゃないですか、サラ。席を変えれば、今日は何か新しいことが起きるかもしれませんよ」

サラは挑戦するように返事をしました。「何言ってるの？　この歳で新しいことだなんて。もう八十三よ！」

そう言いつつもすでに立ち上がり、私が間違っていることを証明するとでも言うように、五列目から四列目に移ってくれました。

このまま誰も現れず、山積みの仕事を後回しにして、サラひとりに話をすることになるのかもしれない……。そんな不安が一瞬よぎりましたが、残りの席は徐々に埋まり、二時過ぎにはかなりの人数が集まっていました。サラが最年長どころか、百三歳の人もいます。このときの話のテーマは「新たな可能性」でした。

たくさんの話をしましたが、ほとんどは父のことでした。完全に失明しても、最後までヨーロッパ流の流儀と価値観を持ち続けていました。父は数々の悲惨な体験に耐え、第一次世界対戦では歩兵となり、一九三八年には家族でドイツからイギリスに移住しました。最後まで反対した母親と叔母を残して、という苦渋の決断でした。移住を拒んだ母親たちは収容所で殺されました。

私は、なぜ怒らないのかと父に尋ねたことがあります。父はこう言いました。「人は悲痛の影の下では充実した人生を送れない。そう理解したんだ」

そんな父は、入居していたクロハムリー老人ホームでは入居者や職員の人気者でした。父にはどんな状況にも新しい光を投げかける才能がありました。「悪い天気なんてないのだよ」というのが父の口癖でした。「服装が合っていないだけの話だ」

最期の日でさえ、常識をくつがえすような冗談を言ってのけたのを覚えています。聞くこと、話すこと、ユーモアのセンス、それ以外のあらゆる能力を奪われ、ベッドに横たわっていた父。主治医だった兄のルークが病室に入り、自分が来たことを告げると、死期が間近に迫った父は言いました。「何か私にできることはないかね」そしてかすかに笑ったのです。おそらくこれが最後の言葉だったと思います。父はその晩亡くなりました。

その後、ボストンの老人ホームで私たちはいろいろな話をしました。五十人の笑い声と歌声が陰鬱だった部屋の空気を一転させ、私は老年に対する思い込みに挑み、これから始まる新しい日々へ気持ちを向けました。

三時半に質問の時間にすると、次々と手が挙がり、ある女性は強いユダヤ系ドイツ語なまりでこう尋ねてきました。「なぜわざわざここに来たの？　あなたは才能があって、まだまだ若い。私たちみたいな年寄りと過ごして時間を無駄にするなんて」

私は内心驚き、今日ここに来る前に自分に対して同じ質問をしたことを正直に打ち明けました。「しかし、ここに足を運んだおかげで、いろいろなことがありました」

私はいまの気持ちを表す言葉を探しました。この一体感、興奮、平穏な気持ち。そしてサラのほうを見て目を輝かせました。「この部屋に入ってきたとき、サラは五列目にいましたが、いまは四列目にいるんです」

するとサラは立ち上がり、拳を挙げて叫んだのです。「席を移ったくらいじゃ終わらないわ。まだまだこれからよ。すべてはこれから始まるの！」

その言葉に全員が拍手を始め、いつになってもやみませんでした。サラに向けられた拍手はいつのまにか、生きる喜びに変わっていたのです。

部屋を出るとき、時計は四時十分前を指していました。すっかり気分が高揚した私には、何でもする時間がある。まさに身をもって可能性が広がっていく体験をしたのです。

父がよく語っていた寓話を思い出したのは、そのあとのことでした。私たちのためにこの世界が用意してくれた恵みの本質を、想像力の限られた人はなかなか理解しようとしないという話です。


死期を迎えた父親のベッドのわきに四人の息子が座っていた。息を引きとる直前、父親は家の畑に大量の財宝が埋まっていると言う。息子たちは父親を取り囲み、「どこに、どこに」と叫ぶが、時すでに遅し。

葬式の翌日、そして来る日も来る日も、息子たちはつるはしとシャベルを手に外に出て、土を掘り返す。畑という畑を隅から隅まで掘ったが、何も見つからず、がっかりした息子たちは、探すのをあきらめた。

そうして、次の収穫期に最高の収穫が上がることは、まだ知るよしもない。

手法5

誰もがリーダーになれる

ベンの話

指揮者は容易に惑わされます。その人独特の芸術表現に多大な関心が集まった結果、自分が人よりも優れていると過信するようになるのです。いまでは神話上の人物のごとき指揮者、ヘルベルト・フォン・カラヤンにはこんな逸話があります。カラヤンがオペラ劇場の外に停まっているタクシーに飛び乗り、「急げ、急げ」と叫びました。「かしこまりました。どちらへ？」と運転手が尋ねると、いらいらしてこう言ったそうです。「どこでもいい！　私はどこでも必要とされているんだ！」

オーケストラの団員は、深遠な芸術的理念を持つ偉大な指揮者が、重要な演奏を生み出す過程で何度も行きすぎた行為をしたとしても、許すでしょう。出産をひかえた女性のわがままに家族が応えるのに似ているかもしれません。

同時に、音楽界では、ほかの業界と同じ現象も起きます。指導者は人に頼らなければ自分の理念を生き生きと実現することはできません。その一方で、自分のほうが優れているという気持ちが、頼るべき相手の声を抑制してしまうことにもなりかねません。

聴衆にとって神秘の存在である指揮者は、絶大なるリーダーシップを振りかざしがちです。企業がリーダーシップについての指揮者の考えに関心を持ったり、指導力について書かれた書籍のなかでオーケストラがひんぱんに象徴として使われたりするのを、団員自身は不思議に感じているかもしれません。何しろこの文明社会において、指揮者という職業は、全体主義の最後の砦といっても過言ではないからです。

イタリアの偉大な指揮者のトスカニーニにも有名な逸話があります。トスカニーニの気の短さと強烈な独裁者ぶりは、超越的な音楽家としての才能と共に伝説となっているほどです。

あるときトスカニーニはリハーサルの最中にかっとなり、長年楽団に貢献していたコントラバス奏者をクビにしたそうです。コントラバス奏者は楽器をしまい、去り際にトスカニーニに向かって声を上げました。「おまえはろくでもない最低の男だ!」

団員が自分にたて突いてくることなど頭になかったトスカニーニは、こう怒鳴り返しました。「もう謝っても遅いぞ!」

このような指揮者によるオーケストラの支配は、五十年前には当たり前、とまでは言わないまでも、あちこちで見受けられましたが、いまではだいぶ少なくなっています。とはいえ、この時代にあっても、音楽界にはうぬぼれと抑圧がはびこっています。わがままな指揮者、無神経な経営陣、警戒心の強い組合。そのあいだに従順な団員が板挟みになっている構図はまだ多いのです。

多種多様な職業に関する調査で、オーケストラ団員の仕事の満足度が、最低でこそないものの、刑務所の看守のすぐ下だったのは、このような原因が関係しているのかもしれません。(注7)

静かなる指揮者

私は二十年近く指揮をしていて、ある日突然気づいたことがあります。それは指揮者は音を出さないということです。

CDのジャケットには指揮者のさまざまな劇的なポーズの写真が出るかもしれませんが、指揮者の真の力量は人の力を最大限に引き出す能力にあります。そこに気づいてから、「団員を生き生きとさせ、演奏に引きこむものは何か」と自問するようになりました。自分がよくやっているかどうかは、二の次。「静かなる指揮者」という新たな考え方によって、指揮に対する姿勢が明確に変わり、団員からは「何があったのか」と尋ねられるほどでした。

それ以前におもに気にかけていたのは、自分の解釈が聴衆に評価されるかどうか、いや、もっと正直に言えば、評論家に気に入られるかどうかでした。そうなれば別のチャンスに結びつき、さらなる成功を得られるかもしれない。作品の解釈を表現するには、演奏者全員を支配し、解釈を教え、自分の音楽的な意図を実現させる以外ないと考えていたのです。

しかし、この「発見」によって、演奏者がひとつひとつのフレーズをできるだけ美しく弾けるようにすることに最大の関心が移りました。絶対的な力を持っていると感じ、演奏者を自分の意図を表現する道具にすぎないと見なしていたときは、このような関心が表に出ることはほとんどありませんでした。

しかし、演奏者の力を引き出す私の能力について演奏者がどう感じているのか、実際にはどう確かめればよいのでしょうか。もちろん、目を見れば多くのことが分かります。目は嘘をつかないし、姿勢や態度も判断の材料になります。演奏中にしばしば、「このやり方で十分に引きこまれているだろうか」と自問する方法もあります。

それでもある時点で、私はもっと情報が欲しい、もっと関係を深めたいと思うようになりました。百人であふれる部屋でのアイコンタクトだけでは明らかに足りない。演奏者の意見を直接聞きたい。とはいえ、リハーサルのたびに百人の演奏者と話をするなんて、現実的に無理な話です。いずれにしろ、前例がありません。

伝統的に、オーケストラのリハーサルでの言葉のやりとりは指揮台から演奏者に向けられるもので、逆はほとんどありません。指揮者に意見が伝えられるとすれば、コンサートマスターなど一握りの主席演奏者を通じてであって、それもほとんど質問の形をとります。だいたいはなかば気後れして、内心あざけりつつ、「マエストロ……」と声がかけられるくらいです。

「リハーサルで演奏者が指揮者に意見を伝えるとき、ほとんどは質問の形をとる。実際には事実や信念を述べている場合でもそうだ」と『ハーモニー』誌でシーモア・レヴァインとロバート・レヴァインは書いています。

アメリカの一流オーケストラの主席クラリネット奏者が、指揮者に向かって、楽譜のとある部分をスタッカート（音を短く切って演奏すること）にしたほうがいいかどうか尋ねた現場に居合わせたことがある。

「……短くしたほうがいいですか、それとも金管に合わせたほうがいいですか」

質問を装ったこの言い方には、質問者が金管奏者に敬意を持っていないこと、そのうえ、問題点に気づかない指揮者への軽蔑の念も暗示として含まれている。しかし、指揮者は全知全能であるという神話にのっとって、意見は質問の形にする必要があった。一介の音楽家が全知全能の存在に知識を与えられるはずはないからだ。こうして、絶対的な神話に邪魔され、音楽家は知識の泉を利用することはできても、泉に注ぎ足すことはできないのが現状だ。(注8)

ロンドンのフィルハーモニア管弦楽団とマーラーの交響曲第六番のリハーサルをしていたとき（私にしては珍しいことではないのですが）、団員に詫びたことがあります。ある部分を演奏したあと、思わず怒鳴ってしまったのです。「カウベル、入ってない！」

数分後、そこはカウベルが入るところではなかったと気づき、打楽器パートに向かって言いました。「申し訳ない。私の間違いだ。さっきの部分はカウベルが入るところではなかったね」

リハーサルが終わると、驚いたことに団員が三人もやってきて、指揮者が過ちを認めるのを見たのは実に久しぶりだとこっそり打ち明けてくれました。ひとりはこうも言いました。「指揮者が自分で間違えたのに、八つ当たりしてオーケストラのせいにすることは日常茶飯事です。おそらく気づかれていないだろうというむなしい期待を抱いてのことでしょうが、そんな態度には本当に失望させられますよ」

以来、会社の経営者や管理職と話す機会があるたびにこの話をしますが、このような力関係がある組織はオーケストラだけではないようです。

白い紙

団員の意見を聞く手段として、私はリハーサルのたびに譜面台の上に白紙を置くことにしました。団員の美しく演奏する能力を引き出すのに役立ちそうな意見や助言があれば、遠慮なく書いてほしいと伝えて。批判の意見があるのは覚悟のうえでしたが、驚いたことに、批判めいた意見が書かれることはほとんどありませんでした。のちのち、これは「白い紙」と呼ばれるようになりました。

当初はそれまでの慣例もあって、パートとスコアの整合性など、技術的な点だけが記されていましたが、私が本気で団員の意見に関心を持っているのだと確信して、徐々に私を支えてくれるようになりました。お世辞で権威や自尊心を持ち上げるのではなく、音楽の可能性を最大限に発揮するのに私が不可欠な橋渡し役となるべきだと、きちんと認識してくれたようでした。

いままでは「白い紙」は定期的に指揮をしている楽団全員におなじみで、議論を深めるために名前も記入してもらうことになり、棒の振り方や曲の解釈など実践的な意見も大幅に増えました。演奏家は、メロディの感覚を十分につかめるように、ここは四つでなく二つで振ってほしいと遠慮せずに書いてきます。

曲の解釈について、洞察力のある意見をもらう機会も多く、たいていそれを演奏に反映させるようにしています。百人もの演奏者が集まる楽団には必ず偉大な芸術家がいるもので、演奏中の作品に並々ならぬ思い入れがあったり、専門的な知識があったり、作品のテンポ、構造、関連性について深い見識があったりします。残念ながら、それまで団員が意見を聞かれることもなかったテーマです。団員の意見を取り入れた場合は、その部分を演奏するときに本人と視線を合わせるようにしています。リハーサル中には何度も、本番でもします。不思議なことに、その瞬間は彼らの瞬間となり、奏者は輝きを放つのです。

「クレッシェンドにしてくださいましたね！」演奏会のあと、チェロ奏者が驚きと誇りと喜びの入り交じった様子で駆け寄ってきました。ブルックナーの荘厳なクライマックスはこれでは不十分だと、午前中のドレスリハーサルで「白い紙」に記してくれたのです。

私の旧友で、天才的にして熟練の腕を持つ芸術家、ユージーン・レーナーがいます。長年、アメリカの一流オーケストラであるボストン交響楽団のビオラパートにひかえめに座っていた人物です。伝説的なコーリッシュ弦楽四重奏団でバイオリンを担当し、かのジュリアード弦楽四重奏団をはじめ、有名なアンサンブルの数々を指導しました。ボストンの一流音楽家の多くは、音楽家としてレーナーに大きな影響を受けたと考えています。私自身、解釈の難しい部分を相談して、曲への明晰な洞察に感服し、何度目から鱗が落ちたことか……。

ところが、レーナーに相談したり、取り組み中の曲について深い知識と解釈を求めたりしたボストン交響楽団の指揮者がどれほどいたでしょうか。おそらく、ほとんどいないだろうと思います。

金曜日の楽曲の解釈の授業に、レーナーを客員講師として招いたことがあります。私はこの問題を取り上げ、学生に代わって質問しました。「来る日も来る日もオーケストラで演奏することに、どうやって耐えているのですか。率直に言って、指揮者の多くはご自身よりはるかに理解が浅いというのに」レーナーは相変わらずの謙虚な態度で賛辞を受け流し、それについてはぜひ言いたいことがあると語りはじめました。

オーケストラに入って一年目のある日、あのときはクーセビツキーがバッハの作品を指揮していたと記憶しているが、なかなか思うような表現ができないようだった。とにかくしっくりこないのだ。幸い、クーセビツキーの友人で、フランスの偉大な教育者、そして指揮者でもあるナディア・ブーランジェが町に来ていて、その日のリハーサルにも同席していた。クーセビツキーはなんとも恥ずかしい状況から抜け出そうと、ブーランジェに声をかけた。「ナディア、すまないが、こっちに来て振ってくれないか。客席のうしろに行って、どう聞こえるのか確かめたい」

マドモアゼル・ブーランジェは指揮台に上がり、オーケストラに一言三言告げて、何の問題もなくそのパッセージを通した。それ以来、リハーサルのたびに、私は指揮者に声をかけられるのを待っていてね。「レーナー、こっちに来て振ってくれないか。客席のうしろに行って、どう聞こえるのか確かめたい」

あれから四十三年がたって、そんなふうに頼まれる可能性もどんどん低くなっている。しかし、いままでリハーサルで退屈だと気を緩めたことは一瞬たりともない。もし突然指揮を頼まれたらオーケストラに何と言おうか、あれこれ考えながら座っているよ。

最近、ロンドンの王立音楽大学のオーケストラで客演指揮者を務めたとき、私はいつものようにレーナーの話をしました。演奏者全員にできるかぎり集中力を持って、積極的に参加してもらうのが目的です。リハーサルの途中では、第二バイオリンの四番目の譜面台の前に座っているバイオリン奏者にいきなり顔を向けました。リハーサルが始まった瞬間から彼の熱意は感じ取っていました。「ジョン、こっちに来て振ってくれないか。うしろに行って、どう聞こえるのか確かめたい」

その日のジョンの白い紙には、おかげで長年の夢が現実になったと書いてありました。その文章を読むなり、私の目にはオーケストラの豊かな財産が見え、すぐにほかにも何人かに指揮台に立ってもらうことにしました。ある演奏家はこんな感想を寄せてくれました。「いままで指揮者に対してとても批判的だったけれど、指揮は演奏に劣らず要求されるものが大きいのだと、今回の経験で実感しました」

オーケストラで演奏するという行為自体、受動的にとられていたのが、この訓練をきっかけに、レーナーのように能動的に参加するようになったと意識の変化を報告する者もいました。

人は相手の素晴らしさをどこまで認められるのか

指揮者はオーケストラの演奏者を自分で決めます。客員指揮者として新しく招かれた場合でも、すでに自分の席に座っている演奏者を移動させます。やる気のなさそうな団員がいれば、演奏に飽きて状況に甘んじているのだと判断することもできるし、音楽の道を進みはじめたときの当初の熱意を引き出してやることもできます。「無理もない。オーケストラの団員はもともと持っていた情熱に逆らって、長期的な目標を追い求めるのをいったんわきに置き、プロの音楽家としてさまざまな要求に応じなければならないのだ。本当は真の芸術家であることを、誰もが認められたがっているというのに」

団員の前に立っていると、不満を抱いてうんざりした顔があちこちに見受けられます。しかし本来はみんな、感受性が強くて傷つきやすく、音楽にただならぬ愛を寄せる人間です。

どんな組織の指導者でも、必ず考えなければならない重大な問題がここにあります。人の素晴らしさをどこまで認められるか。自分が率いる相手をどう判断するかで、あらゆる面で大きな違いが出てきます。もちろん、リーダーの役を務めるのは指揮者、社長、最高経営責任者に限りません。指揮者の重責を再認識して自ら楽団に活気を与える演奏者も、自分の子どもは貢献したがっていると気づいて協力する親も、非常に深い意味でリーダーシップを発揮することになります。

「静かなる指揮者」手法では、情熱とひたむきな働きかけで人々に耳を傾ける。相手がオーケストラの団員でも、経営陣でも、保育園の園児でも、やり方は変わらない。

指導者は自分の意図が実現しているかをどう確認するか、それが問題だが、相手の目を見て自問するのがいちばんの方法だ。「いったい自分のどこが原因で相手が輝いていないのだろう」

何らかの情報提供や意思表示を相手にうながすのも手だし、本来持っているはずの情熱に語りかけたり、バトンを渡す機会を探ったりするのも効果的かもしれない。

> 今日は本当に特別な日になりました。リーダーシップとは、何も責任を抱えることではない。そう学んだからです。本来は誰もリードする必要はない。きらめく一瞬一瞬がどうして大事なのかをみんなに思い出させること、それが贈り物であり、輝く銀だと気づいたのです。気分を高揚させる歌は、目の中に、声の中にある。つま先から体を温め、無限の可能性で人をわくわくさせる。本当に愛するものをつかみとろうと、自分の力をすべてを注ぎこめば、物事は変わるのです。
>
> ウォールナットヒルの学生、アマンダ・バー

リーダーはいたるところに

ベンの話

一九九九年、ユースフィルハーモニックオーケストラを連れてキューバを訪れたときのことです。ハバナでの演奏会の冒頭で、キューバのナショナルユースオーケストラと二曲、合同演奏をすることになりました。ひとつの譜面台の前に、キューバ人とアメリカ人が並んで座ります。

最初に演奏する曲は、キューバのオーケストラの指揮者自身が書いたもので、色彩豊かで華やかで、複雑なキューバのリズムがふんだんに取り入れられています。私は事前の練習はあえてしないで行くという判断を下しました。作曲家自身の指導で一から曲に取り組む、こんな貴重な機会はめったにありません。

大指揮者《マエストロ》ギド・ロペス・ガビジャンが指導を始めると、複雑なキューバのリズムはアメリカの若者にとってあまりになじみが薄く、相当てこずっているのがすぐに分かりました。とにかく弾けないのです。マエストロは心配になり、少々いら立った様子で、これは失敗だったと指揮台から言いました。

「残念だが、これは無理だ。演奏会は中止するしかない」

この結論は、私にはとうてい受け入れられませんでした。キューバとアメリカ、両国の若い音楽家が一緒に演奏するのが、この旅行の重要な要素のひとつだったのです。私は何も考えず、気づくと舞台に飛び乗って、キューバの若者に通訳を通じて言いました。「きみたちの役目は、譜面を共有する隣の子にリズムを教えることだよ」

アメリカの若者に対してはこう言いました。「隣に座るリーダーを信じて頼りなさい。きっと必要な手助けをしてくれる」

そしてマエストロに向かってもう一度お願いしますと言ったのです。

それから起きたことには誰もが驚きました。みんなの注意はマエストロから隣の子に移り、その演奏の仕方に集中しています。キューバの若者は私がそれまで見た多くの若い演奏家よりも表現豊かでしたが、さらに張り切って、隣に座るアメリカの仲間を熱心にリードしはじめました。アメリカの子たちは、情熱のこもった指導に感動し、相手に身を委ねて、しかるべきリズムで弾きはじめています。マエストロも私と同じように驚き、喜んでいるようで、これなら大丈夫だろうとうなずいていました。

そして私の番になり、演奏会の冒頭に演奏するもう一曲を指揮しようと立ち上がりました。バーンスタイン作曲の「キャンディード」序曲。とてつもなく難しい曲なので、三カ月前にハバナに譜面を送って、キューバのオーケストラが準備できるようにしておきました。

リハーサルを始めるにあたって、この曲は楽しかったかとキューバのリーダーに尋ねると、なんと、すっかり困った顔をして「まだ一度も見ていませんが」と答えるのです。どうやら楽譜はキューバの郵便局でずっと放っておかれてしまったようでした。

私は一気に血の気が引き、パニックに陥るのではないかと思いました。こ、こ、この曲をこ、こ、こんな状況で演奏するなんて不可能だ。自分たちはこの曲を弾けるようになるのに何カ月もかかったのに……。

ところが、若き演奏家たちのほうを見ると、多くの子が微笑んでいます。そうか、いましがた大成功だったやり方を逆にすれば、何とかなるかもしれない！　今度はアメリカの子がいっせいに張り切り、譜面にそって隣の子を力強くリードしました。リハーサルは完璧でした。

今回も若者たちの注意は指揮台にいる指揮者からオーケストラ席の仲間に移り、それぞれの場所にいる「指揮者」のエネルギーが劇的に高まりました。さらに注目に値したのは、隣の仲間に助けてもらい、リードしてもらおうというキューバの若者たちの態度です。指揮台にいる遠くの人物がリードするよりもはるかに効果的だったのは言うまでもありません。

レーナーの話のように、この若者たちの話は「静かなる指揮者」のもうひとつの意味を強調している。リーダーに指揮台はいらない。隅の椅子に黙って座って、熱心に耳を傾け、しっかりバトンを受け取る準備を整えている場合もある。第三章の終わりのラビの贈り物の話のように、誰にだってリーダーになる可能性があるのだ。

ザンダー先生

はじめて白い紙を書きます。いつもはチェロパートで前にいるのですが、今日はうしろになって、しばらくぶりにとてもつらい思いをしました。でも、先生と一緒に演奏した九日間で、オーケストラで演奏することの意味を理解しはじめた気がします。先生の輝きに刺激されて、どこに座ろうと、自分にはチェロパートに貢献し、輝かせるだけの力があると信じるようになったのです。十一番目の席で、私はひとりの「リーダー」として、演奏を引っ張る役目を果たしたのです。それを教えてくださった先生には、とても感謝しています。ありがとうございました。今日からは自分のパートを引っ張っていきます。たとえどこに座っていても。

ニュージーランドナショナルユースオーケストラ
チェロ奏者、ジョージーナ

最後に、情熱的でひたむきなひとりの男性の話を紹介しよう。ユージーン・レーナーの仲間で、同等の立場で端の席に座り、それとなく楽団を引っ張っていた。その努力には誰も気づかなかったが、聴衆は間違いなくその驚くべき成果を聴いている。

伝説的なコーリッシュ四重奏団には、全レパートリーを暗譜で演奏するという、この楽団ならではの特徴があった。シェーンベルク、ウェーベルン、バルトーク、ベルクなど、不可能なほど複雑な現代作品も、すべて暗譜で弾いた。レーナーは一九三〇年代にコーリッシュでビオラを弾いており、数々の名演奏についてレーナーが語るときには、誰かが曲の一部を忘れてしまったというぞっとするような瞬間の話がよく持ち出された。

レーナーは、誰も間違わずに演奏が終わることはほとんどなかったと言う。彼らが演奏のたびに求められる柔軟性、舞台度胸、注意力は想像を絶するものだが、あるコンサートでいつもの機転ある対応だけでは手に負えないような事態が起こってしまった。

それはベートーベンの弦楽四重奏九十五のゆったりとした楽章を弾いていたときのこと。レーナーは大事なソロに入る直前、どういうわけか記憶が飛んでしまったのだ。それまでは一度も失敗したことのない箇所で。文字どおり、頭の中はまっ白になった。

ところが、客席には楽譜どおりの作品九十五が響き渡った。ビオラのソロが豊かな音で旋律を奏で、目を閉じて曲に没頭していた第一バイオリンのルドルフ・コーリッシュとチェロのベナー・ハイフェッツさえ、レーナーが弾いていないことに気づいていない。

レーナーの旋律を弾いていたのは、第二バイオリンのフェリックス・クーナーだった。ビオラが入る箇所で一拍の遅れもなく躊躇せずに入り、五度高いバイオリンを使って、完璧に調和した音色でビオラの音を出していたのだ。

驚いたレーナーは演奏後の舞台裏で、なぜ自分が弾かなければ演奏が中断してしまうと分かったのかと聞いた。するとクーナーはひょいと肩をすくめて言った。「違う弦に指を載せて構えているのが見えたんだ。きっと次のパートを忘れているんだと思ってね」

手法6 規則その六

ある国の首相がふたり、室内で座り、国事について話しあっていた。そこに突然男が入ってきて、激怒して足を踏み鳴らし、拳で机を叩いた。地元国の首相が穏やかにさとす。「ピーター、規則その六を思い出しなさい」

するとピーターはすぐに冷静になって、詫びの言葉を口にして立ち去った。ふたりが話に戻ると、今度は二十分後に興奮しきった女が入ってきて、また議論は中断。身振りは激しく、髪は逆立っている。首相はまたしても同じ言葉をかけた。「マリー、規則その六を思い出しなさい」

相手はすっかり冷静になり、会釈をして謝って出ていく。三度目に同じことが起きると、訪問国の首相が尋ねた。「首相、いままでいろいろなものを見てきましたが、これほど驚いたのははじめてです。『規則その六』の秘密を教えてもらえませんか」

地元国の首相は言った。「単純なことですよ。規則その六は〝あまりくそまじめになるな〟です」

「なるほど、それはいい規則だ」訪問国の首相は感心し、しばらくしてからまた質問した。「それで、ほかの規則も教えてもらえませんか」

「ほかも何も、これだけです」

ベンの話

さまざまな場所でリーダーシップについて話すよう依頼されることが多くなりました。あるヨーロッパ企業に「規則その六」の話をしたことがあります。数カ月後にその会社の本社に寄ると、社長室に招かれました。驚いたことに、机の上には自分の席に向けるようにしてプレートがおいてあり、こう書かれています。「規則その六を忘れるな」

社長によると、同じようなプレートが管理職全員の机に置いてあり、両面に同じ言葉が書かれているらしい。たったこれだけの単純なことで、社内に同僚を思いやる協力の気風が生まれ、企業文化が変わったといいます。

本章の手法は、「明るくすること」。そうすれば、あなたのまわりも明るくなる。

ただこれは、あまり大げさに考えるなと触れ回ることではない。前述の企業のように、その方針を会社として採用すると決めたとすれば、また話は別になってくるが。緊迫した状況でこの言葉を口にすると、仲間意識を誘うことができるはずだ。

ユーモアや笑いは「自分のことしか考えられない状態」から脱却するための最善の方法となる。ユーモアがあれば、弱み、混乱、情報の行き違いなど、避けられない問題を乗り越え、仲間としてつながりを強めることができる。特に、権限を持って要求を突きつけたり、相手をさげすんだり、噛みつかんばかりに争ったりしてしまった場合に効果があるだろう。

ベン先生へ

人と協力して何かをするとき、ユーモアにさまざまな効果があることを先生から教わりました。緊張をほぐしたり、潜在的な力を引き出したり、気分を一新させたり。

いまでも覚えていることがあります。十二月の演奏会を間近にひかえたリハーサルで、バルトークの『オーケストラのための協奏曲』を練習していたときのことです。練習は順調とはとても言えませんでした。その日は標準テストか何かを受けた人が多く、午後にはほかのリハーサルや特別指導もあり、私自身も精神的に疲れ、みんなも音や入りを間違えていました。

「第二楽章を通そう。絶対に間違えずにだ」とそのとき先生はおっしゃいましたが、私は全身がこわばり、その場から逃げ出して穴に潜りこみたい気分でした。きちんと先生はそれに気づいたのでしょうね。一瞬何かを考えて、こんな言葉を口にされました。「もし間違えたら……二百五十キロの牛が頭に落ちてくるぞ」

その要素が映像となって頭に浮かんだのは言うまでもありませんが、まさか先生の口からそんな言葉が出るなんてとあっけにとられて、みんな笑い出しました。そしてその瞬間から、演奏はもちろん、すべてが良い方向に向かいはじめたのです。あの状況で「牛」という言葉ほど緊張をといて力を与えてくれるものはありませんでした。

ユースフィルハーモニックオーケストラ団員

卒業間近のケイト・ベネットより最後の白い紙

「規則その六」を覚えておくと、競争環境で培われた自分のなかにある尺度の世界を見分け、その部分とある程度の距離をとりやすくなる。本書では、その部分を「利己的自己」と呼ぶことにしよう。「利己的自己」のおもな特徴には、これから見ていくように、自分を真剣に受けとめてもらうことを非常に強く求める点がある。しかし「規則その六」を使えば、利己的自己をなだめすかし、自分を明るくすることによって、結果的にその支配を打ち破ることができる。

利己的自己

利己的自己は、不足の世界でどのように生き残るかということに注目する。冒頭の話のピーターとマリーの声にしても、赤ん坊の声にしてもしかり。自分がこの世にやってきたことを叫び声と泣き声で伝え、やがてこびるように微笑んだり、足をばたつかせたりして、こう訴えかけてくるのだ。「こっちを見て!」

人の関心を引きつける子どもの能力は実に見事で、忘れられそうになったり仲間外れにされそうになったりすると、即座に警告音を発する。生き残るためには、力のある強い人に守られ、面倒を見てもらう必要がある。人は、自分の生存を支えてくれる者に必死にしがみつくための恐怖心と積極性を生まれながらにして持っている。

人間関係の学習過程で最初に学ぶのは、「序列の理解」「権力のありか」「受け入れられるために自分がすべきこと」、この三点だ。子どもが自分の立場をコントロールし、人の注意を引く能力は、大げさなようだが生死を分けるもので、同じ能力が日常生活で普通の大人に及ぼす影響とは比較にならない。

マサチューセッツ工科大学の脳・認知科学部門で研究学者だったフランク・サロウェイは、「性格」を「幼年期を無事に生き延びる」ための戦略と見なすべきだと述べている。(注9) どの子どもも家族のなかで注目され、大切にされるために縄張りを確立する。自分の性格のある面を「愛嬌たっぷりに」発達させることで、それを実現するのだ。

人なつこく外向的な子もいれば、おとなしく内向的な子もいる。しかし、両方とも目指すことは同じで、家族や社会の中に自分らしい安全な隙間を見つけ、生き残るための場所を確保しようとする。不安が行動を左右して、一歩遅れをとったり、放っておかれたり、どうしたらいいのか分からなくなる危険にさらされると、警告を発するようになっている。

人間の子どもが生き残るための仕組みは動物の子どもと非常に共通点が多いものの、決定的に違うのは、人間はやがて自分自身を知るようになる点だ。言語という媒体の中で育ち、考える時間がたっぷりあるので、自分を人から認識されている性格の存在だと見なすようになる。別の言葉で言えば、一式の行動パターンと思考の習によって、幼年期を無事に生き延びることに専念するのだ。大人になっても持ち続けるその一式を、本書では「利己的自己」と呼ぶ。無用になっても依然としてそれを持ち続けるのは、人間の幼年期が長いことと関係があるのかもしれない。

どんなに自信に満ちて、高い地位にあるように見えても、大人の利己的自己は一皮むくと弱く、自分はすべてを失う危険にさらされた価値のない人間だと見なす傾向にある。

幼年期の地位に対する警戒心は環境に合わせて残り、大人になっても概念として有効に働き続け、警告する。もっと高みを目指せ、もっと力を得ろ、他人を押しのけろ、目的の場所への入口を見つけろ。

幸い、「入口」の認識とその場所は人やグループによって異なる場合が多い。幼年期の本当の脅威の痕跡が消えてしばらく立っても、この警報装置は命を守るために危険を誇張して知らせる。

私たちは本書で、利己的自己を悪循環の螺旋階段にたとえている。成功に向かって邁進し、階層社会で地位を獲得することこそ人生だという世界観の中、悪循環の螺旋階段では、人や場を支配するため強引にのし上がろうとすると、とかく滑り落ちる可能性が高い。そしてその過程で対立が起きると、相手のせいにして、自分は自分で重要な教訓を得たと考える。そして人は抜け目がなくなり、現実的になる。人間関係が悪循環に陥るのは避けられない。

利己的自己の抑制がきかなくなると、またはい上がって支配したいという欲求は強まる一方で、螺旋階段の悪循環は渦を巻いて、終わることがない。

たしかに利己的自己は魅力的な面も多く持ちあわせている。しかし常に狡猾で、ときに不安になり、たびたび物事を企む性質があるのも否めない。この「自己」を認識するには、こう自問するといいだろう。

完全に満たされるには何が変わればいいのか？

この質問に答えることによって、利己的自己がどんな状況を脅威に、また耐え難く感じているかが分かる。と同時に、変化をもたらすための熱意はあえて力を抜いたほうが効果があると理解するだろう。耐え難い状況は場所や状況であるかもしれないが、他人が原因であることも往々にしてある。

人生最高のセックス

ロズの話

私は数年前から「達成プログラム」を運営しています。これは参加者が定期的に集まって、個々の目標を達成するために指導を受けるもので、目標は企業、複雑なホームページの制作、難しい人間関係と多様です。けれどもこのプログラムでは、目標の達成よりも大きなもの、可能に満ちた世界に生きることを目指しています。

参加者は毎週、目標に近づくための三つのステップを決めて実行します。進み具合に応じてステップはどんな内容にも調整できるので、ほとんど失敗することがありません。そのうえ、創造性を目覚めさせ、利己的自己の存在を意識してもらうゲームもみんなにしてもらいます。ゲームを通して学んだことが、自分の活動や人生を飛躍させるのに有効だと気づく人も大勢いるようです。

よくやってもらうゲームに「人生最高の〇〇をする」というのがあります。どんな状況にあろうと、本当に満足のいく体験を自ら作り出していこう、というものです。

例えば「人生最高の食事をする」の場合を例に挙げれば、これは必ずしもたくさん食べるとか、高級なレストランに行くとかではありません。「自分の目標にいちばん近づけそうなことをする」という意味でもありません。とにかく「食べて、満たされる」こと、ただそれだけ。ゲームをきっかけに、利己的自己から出た恐怖心、考え方、姿勢が単純な満足を妨げていることに気づく場合もたびたびあります。ゲームの最中「規則その六」が常に念頭にあれば、人生が百八十度変わるような冒険を回り道することなく経験できるかもしれません。

数カ月前から活動している達成グループにこのゲームを紹介したときは、自分たちで案を出し合って共通の課題を作り、「〇〇」の欄を埋めてもらいました。そのグループは、あらゆる単語の中で空欄に入るべき言葉は「セックス」しかないと結論を出しました。

グループの一員のジューンはその結論に乗り気ではなかったものの、結局みんなに従いました。ジューンは長年夫のマークを変えようとしてきたのですが、その年に夫と別れたばかりでした。カリスマ性があって、精力的で、身勝手な夫とのあいだにくっきり境界線を引く必要があると思ったのです。もちろん、後戻りするつもりはありません。「マークが変わるわけはない」というのが彼女の口ぐせでしたが、私たちはジューン自身に関心を持っていました。

ジューンには、ゲームの指示をどう解釈してもかまわないとみんなで助言しました。親密なパートナーがいないならば、課題は一気に難しくなります。それでも「セックス」を比喩的に解釈すれば、達成するのは可能かもしれません。ゲームの指示は「人生最高のセックスをする」であって、「意思に反して、とんでもないナルシストとみじめな時間を過ごす」ことではありません。

いつもグループの活動に熱心に参加しているジューンは、このゲームにも挑戦してみるつもりでいましたが、ジューンがどう課題に取り組むのかは誰にも分かりませんでした。彼女は自分自身について何を発見するのでしょうか。私たちはそれぞれに、ゲームの不思議な力を信じるようになっていました。

もちろん、翌週ジューンが晴れやかな顔で現れたのでなければ、この話は書いていません。

ジューンは三日間の研修に出かけました。同時に、グループでいつもやっているとおり、メンバーのアンに電話をかけて、課題に取り組むための指導を依頼したのです。アンは交際中のジョーとゲームをすることを考えて盛り上がっていましたが、ジューンにしてみれば苦痛以外の何ものでもなく、「人生最高のセックスをする」という課題はふしだらだし、自分のような立場の女性には不適当だと愚痴をこぼしました。

「でも、アンに何度も念を押されたんです。私たちが決めたのは、少なくともゲームをしてみることであって、成功しても失敗しても関係ないって。誰が相手になるのかは、正直に言って想像もできませんでした。夫にはどんなことがあっても近寄りたくない。でも真剣に考えると、相手はやっぱり夫以外にいないという気づきに自分でも驚いて、すっかり動揺してしまって」

グループは静まり返っていました。不用意な言動ひとつで、このもろい状況が崩れてしまうのを全員が恐れているかのように。

「でもそこで、規則その六を思い出して自問したんです。『これを実現するには何を変えなければならないか』もちろん、いつもの考えがすぐに頭をよぎりました。夫が変わらなければ駄目だ。あの自己中心的な態度を改めてもらわなければ、どこにも進めないと」

ジューンはまわりを見回して、意味ありげな笑みを浮かべました。「みんなもそう思うでしょう？マークには過剰な自己愛による人格異常があって、絶対に変わることはないって」ほかのメンバーは言葉を失い、ジューンは笑い声を上げて続けます。

「でも、そこで大げさに考えていたことに気づいたの。『自己中心的だからって、人生最高のセックスができないわけではない。深刻に考えるのはやめて、もっと明るくいこう』と自分に言い聞かせて。すると不思議なことに、突然、マークの自己中心的な面と、愛しあうことがまったく別の問題になったんです。結局自分は昔から、自己中心的で情熱的な男に強く惹かれてきたんだと気づいて、その瞬間、できると確信したんです。そういう男性と愛しあうこと……心から愛しあうことができないはずがない。それに、一度だけのことだもの。そう考えると何もかもがとてもおもしろく、新鮮に感じられて、勇気がわいてきました。

結局私は夫に電話をかけたけれど、いざ電話を目の前にすると、何度もためらう自分がいました。自分が間違っていた、あなたが正しかったと認めるようで、自尊心がどんどん膨らんで、緊張のあまり、自分を見失いそうになるほどでした。留守だとしたらどんなに楽かと思ったけれど、夫は家にいました。それでも、ずいぶん長いこと話していないわりには、楽に話せました。もちろん、勇気を出してゲームのことも説明して。気詰まりな沈黙が続いたあとで、肝心な誘いの言葉を付け加えました。『私としては、あなたと愛しあうのがいちばんいいんじゃないかと思っているの』

夫は無言のままで、逆の状況が心配になりました。この状況で拒否はされたくない。すると夫は言ったんです。『この電話をかけるのに、相当の勇気が必要だったろう』

言葉が出ませんでした。こんな思いやり、相手に共感する気持ちが、この人のどこにあったのだろう。あれほど自己中心的だった夫がいつになく身近に感じられて、金曜日に研修から戻ったら夫の家で食事をすることにしたんです。

そして世界が変わりはじめました。田舎道を歩きながら、あらゆるものを感じたわ。草の匂い、川岸の土手の形……何もかもが官能に満ちて、まるで自然がこのゲームと手を組んで演出しているようでした。町に行く途中、果物屋に寄ってデザートを買ったとき、バケツに入った花が目に留まりました。金曜の夜に花を抱えて夫を訪ねるなんて！　緊張しすぎて、笑わずにはいられなかったほどです。一度決心して、自分の信念を貫く勇気を持って、どうしようもない夫のもとを去った私が、花を持って玄関の前に立っている。こんな展開を誰が想像したでしょう。

それからふたりは笑い、大胆な行為をしました。ふたりで過ごしたその晩は、まるで一週間のバケーションのようでしたが、その一方で自分がいるべき場所に戻ってきた感じもしました」

全員が信じられない思いで顔を見合わせました。ジューンは以前よりずっと表現豊かになっていて、人間味にあふれています。間もなく、避けて通れない質問がほかのメンバーから挙がりました。

「でも、人の行為について何らかの決断をし、境界線を引いて、自分の信念を守るのは大切なことではないでしょうか」

私はこう答えました。「もちろんです。でも考えようによっては、ジューンもまさにそのとおりのことをしたと言える、そう思いませんか。マークに何度も軽んじられて、彼女はただただ傷ついたのでしょう。そしてその思いを伝えるかわりに、相手を危険な人間だと決めつけたのです。本当の意味では、まったく危険ではなくてもね。ジューンは裁判官のようになって、自分が優位に立ったと感じたでしょうが、その結果マークに下した診断がすっかり定着して、そこから正気の人間なら我慢ならないような男の話ができあがったのです。『心から充足するには何が変わらなければならないか』、ジューンはそう自問して、利己的自己が働いていることに気づいたのでしょう。そして自分自身、そして自分で作りあげた話を深刻にとらえるのをやめたとたん、自分が下した診断とマーク本人を切り離すことができたのです」

ジューンはそれからこう言いました。「これはあの素晴らしい晩のあとに気づいたことだけれど、結婚を解消して、マークとは親友でいるという道もある。相手の力に屈服したとか、窮地に追いこまれたとか、そんなふうに思わずに、自らの意思で『結婚を解消したい』と言えばいい。私はやっと、選択肢を手に入れたんです」

ニューカッスルに夢を

ベンの話

ある夏、ニューカッスルで行われた音楽祭で上級クラスを指導したとき、ＢＢＣがその様子を撮影に来ていました。受講者で若手テナー歌手のジェフリーは、かのミラノスカラ座で仕事を得て歌いはじめたばかりで「それ相応の扱いをしてくれよ」という思いが態度の節々に見て取れました。

ジェフリーはシューベルトの「冬の旅」から「春の夢」を歌う予定でした。「冬の旅」は連作の歌曲で、寒々とした空の下、愛する人に捨てられた男の憂鬱でせつない旅を描いています。主人公は過ぎ去った春の花や草原を夢想します。

愛する人を温かく抱きしめた至福の日々。快活でやさしい音楽が、無上の喜びや充足感を連想させる。突然、屋根の上でカラスが鳴くと、主人公は目を覚まし、あたりが暗く寒いことに気づく。なかば夢の中にあって、窓に着いた霜の模様を花だと思いこみ、「誰がこの花を描いたのだろう。いつ緑になるのだろう」と自問する。すると頭の中で答えが響き渡る「愛する人がふたたびこの腕の中に戻ってきたときに」長調の曲だが、強弱とフレーズの形で、愛する人はけっして戻ってこないのだと聴く者は悟る……。

人間の内面を表現した、静かで微妙で繊細な曲です。人間の悲しみ、心のもろさ、癒えることのない喪失感、そんなすべてのニュアンスをしっかり理解し、的確に表現することが、この曲を歌いこなす条件になります。しかし、ジェフリーが歌いはじめると、そこには哀愁がまったく感じられません。それどころか、豊かに響くイタリア風の歌声が、華麗に流れ出てくる始末。自信過剰の歌い方はジェフリーそのものでした。

私は指導者として考えました。どうしたら自分を意識せず、曲自体が持つ表現豊かな情熱の媒体になってもらえるのだろうか。

そこでまず、個人指導を受ける意思があるのかを質問をしました。「もちろんです、ぜひともお願いします」とジェフリーは軽く答えたものの、これからどうなるのかまったく分かっていなかったに違いありません。

ジェフリーとの死闘は四十五分間続きました。いや、相手はジェフリーではなく、ジェフリーの自尊心、発声訓練の成果、格好良く見られたいという思い、並外れた声に対する長年の賞賛でした。ジェフリーを覆っていた層が、一枚、また一枚とはがれていく。シューベルトの描く絶望した主人公の生々しい傷つきやすさに近づくにつれて、声からつやが消え、奥から魂が姿を見せはじめました。体の動きもおのずと静かに、やわらかくなっている。最後の「愛する人はいつこの腕に戻ってくるだろうか」と歌う部分では、その声は聞き取れないほどで、音ではない何か別の方法で私たちの心に伝わってくるようでした。

誰ひとり動きませんでした。聴衆、演奏者、ＢＢＣの撮影班、全員が静けさの中でひとつになり、やがて嵐のような拍手がわき起こりました。

私はみんなの前でジェフリーに感謝の言葉をかけました。自尊心、訓練の成果、たぐいまれなる発声能力を自ら捨ててくれてありがとう、この拍手は犠牲を払って私たち聴衆を理解に導いたことに対する賞賛にほかならない、と。「自尊心を捨てて相手に真実を伝える。そんな行為に人は心を揺さぶられる。ほら、みんな心の底から感動しているだろう。カメラマンまで泣いている」

実際にカメラのほうを見たわけではありませんでした。その場にいて心を動かされなかった人がいるはずないという確信を、言葉にしたまでのことです。

その晩、パブにいるとカメラマンがやってきて「なぜ自分が泣いているのが分かったのか」と質問されました。どうやら涙でレンズの向こうが見えなかったらしい。「ロンドンからこの仕事に送りこまれたときは……」とカメラマンは首を振りました。「音楽ごときが自分の人生を語っているとは思いもしなくてね」

自信過剰な意見、地位、自尊心、膨らんだ自己評価の層を脱ぎ捨てると、人はすぐにつながりを感じとる。規則その六の秘法をためらうことなく実践すると、だいたい相手も同じことをする。

このようにしてあらわになった利己的自己がなだめられると、今度は「中心的自己」が輝きを放ちはじめる。

中心的自己

ボストンのクインシーマーケットにホロコースト博物館がある。ここの六本の柱のうち五本には、収容所での残虐な行為や苦難について記されている。しかし六本目の柱は、イルゼという少女のことが書かれている。

イルゼはアウシュビッツで幼いゲルダ・バイスマン・クラインの友だちだった。ゲルダにはけっして忘れられない思い出がある。当時六歳くらいだったイルゼが、ある朝、収容所のどこかでラズベリーを一粒見つけた。そして一日中、ポケットの中の安全な場所に入れ、夕方になって幸せに目を輝かせながら、木の葉に載せたラズベリーを友だちのゲルダに見せたという。

「想像してほしい」とゲルダは書いている。「自分の持っているものはたった一粒のラズベリー。それを友だちにあげる人の姿を」

これこそまさに人間と世界が持つ、驚くほど前向きで、豊かで、創造性にあふれた「中心的自己」の本質にほかならない。

永遠の子どもを脱し、可能性に満ちた輝かしい未来へ旅立つなら、階層社会ではなく、寛大で人々が相互に助けあう、平らな世界を目指すのが当然だろう。欠乏と不足にばかり目を向けるのではなく、完全で満ち足りているという心の持ち方。自由であるゆえの共感、感情豊かな「中心的自己」を理想に、「利己的自己」を再構築していくのが人間の成長だとも言えるかもしれない。

中心的自己を通じて対立を解消する

「利己的自己」は自己の利益だけを主張するために形成されているので、窮地に陥るとアクセルを踏んで力を強める傾向にある。政治でも、ジューンの話のような人間関係にも、ビジネスの世界にも、同じことがあてはまる。

「規則その六」を使うと、独特の視点に立って交渉の仲介ができる。この手法を熟知した仲介者は、「中心的自己」を中心に据えて話し合えるように道を開き、対立を解決する。言うなれば、仲介者の役割は人間の成長と変化を促すことであり、常にそこにいる「利己的自己」の欲求を満たす解決策を見つけることではない。以下の話は、ふたりの男の「利己的自己」が互いに相手に勝とうとして、会話が悪循環に陥っている例だ。私はふたりの「中心的自己」が建設的、かつ協力的な解決策への近道を知っているという前提のもと、助言を与えた。

発明家と資金調達者

ロズの話

ある医療研究所の主要パートナーふたりが、契約をめぐって膠着状態に陥り、資金繰りの破綻が刻一刻と近づいていました。四十代のジュニアパートナーはボストンからダラスに向かう途中、飛行機でベンの隣に乗りあわせ、その話をしました。ベンは意気込んで前の座席の背中のポケットから携帯電話を取り、私に電話をかけてきました。「よかったよ、タイミング良くつかまって！」

「実はいま、隣に素晴らしい男性が座っているんだが、ある問題を抱えていてね。きみが解決してくれると約束したところだ。いまかわるよ」

次の瞬間、ベンは新しい友人に電話を渡し、私は顔も会わせていないその人とどうすべきかを話しあったのです。

その会社を訪問することにしたのは、翌週の月曜日、朝九時半でした。シニアパートナーは八十代前半、創業者でもある男性は、明らかに私が来たのを喜んでおらず、社内の問題をコンサルタントに話すのを嫌がっていました。シニアパートナーはジュニアパートナーに契約に署名するよう求めているのだけれど、ジュニアパートナー自身はそこに書かれた目標はとうてい不可能だと考えているようです。

事態は最後通牒を突きつける寸前まで悪化していました。「契約に署名しろ。さもなければ、出資した金を放棄して、いますぐここから出て行け。変更も、交渉も、妥協も一切しない」。シニアパートナーは完全にはねつけるような口調で、十一時から重要な会議があると言いました。この問題に費やせるのは、わずか一時間半……。

ふたりとも心の奥底では、自分が敵対的で、非協力的だと承知しています。子どもっぽい思考回路で、自分は絶対に損はしたくない、何とか相手に仕返ししてやろう、と考えているのも分かっています。その一方で、相手の出方を考えれば、自分は正当に応じているとも感じているようでした。別の言葉で言えば、ふたりの「中心的自己」はすべてが「利己的自己」の仕業だと気づいているという前提に立つこともできます。私はふたりの「中心的自己」だけに話そうと決意を新たにしました。

相談を持ちかけてきたのが若いジュニアパートナーであることから、形勢を不利に感じているのはその人のほうでしょう。そこで、男性が自分を信頼していること、この問題に強い利害意識を持っていることを頼りに、シニアパートナーのほうを向いて、ジュニアパートナーはどれほどの役立たずか――もっとくだけた表現だったかもしれない――なのかと質問しました。ジュニアパートナーの「利己的自己」を刺激して引き出し、シニアパートナーがどんなふうに足を引っ張られていると感じているのか、それを探るのが目的でした。あえてくだけた言葉を使ったのは、「規則その六」に従って、あまり深刻にならないようにするためです。

すると次々に思いが言葉となって出てきました。資金を調達すると言って何度も約束を破ったこと、きわめて狡猾であること、自分の都合に合わせて話をねじ曲げたこと。シニアパートナーは相手の二枚舌にだまされているのではないかと疑い、一生かけて築いたもの、製品の研究が水の泡になることに危機感を抱いているようでした。競争相手よりも先に販売するための製造資金が不足している状況下では、なおさらのこと。この労働の成果は文字どおり分身のようなもので、自分にとっては死活問題だといいます。

ジュニアパートナーがその指摘に逐一抗議したのは言うまでもありません。そしてシニアパートナーは相手が何か言うたびに、ますます怒っていました。

シニアパートナーの協力を妨げている最大の問題を突き止めようと、ジュニアパートナーと働いていていちばん腹が立ったのは何かと質問してみました。答えはきわめて率直なものでした。

「自分自身にも、私にも、嘘をつくことだ」この発言は、実際に起きたことについてふたりの見解を一致させる格好のきっかけでした。

「調達すると約束した資金を調達したのですか」と今度はジュニアパートナーに向かって尋ね、説明しようとする相手の言葉をさえぎりました。「はいかいいえで答えてください」

「いいえ、しかし――」

「しかしは、いまはなし」と私は言いました。「あなたがあらゆる計画を立てて、資金が入ってくる予定になっているのは、確かなのでしょう。これについてはこの場での判断は避けます。ただ確かめたいのは、その資金がいま、銀行にあるかどうか、その一点です」

「ありません」

「だとすれば、表面に見えている結果だけを見ると、パートナーが不安に思う理由は十分にある。あなたがその仕事ぶりに深い敬意を抱く相手の気持ちも分かるでしょう」私はシニアパートナーのほうに乗り出して「中心的自己」に直接、そして親しみを持って話しかけていました。「あなたのパートナーにとってこの仕事は人生そのもの。それが水の泡になるのが耐えられないんです」

「ええ、分かっています」

ふたりに共通する事実が口にされると、嵐のような争いは自然と収まりました。

私にはもうひとつ確かめたいことがありました。シニアパートナーの「中心的自己」が、ジュニアパートナーが残るのと辞めるのと、会社にとってどちらが適切と考えているのか、です。「中心的自己」は邪魔な要素に左右されず、常に状況全体を見て事実を判断します。

「あなたのパートナーには、必要な資金を調達する能力がありますか」私はシニアパートナーの目を見て尋ねました。

「あります」。幸い、それが答えでした。「自分自身に嘘をつくのをやめさえすれば」

合意に達しつつあるという確信はありました。ふたりとも事業を成功させたがっている。相手は役割を果たす能力があるとお互いに思っている。

総合的に、シニアパートナーの協力的な「中心的自己」と、戦略的な「利己的自己」の両方が契約に影響を与えている、というのが私の判断でした。そのふたつの声を分けて、より実効性のある契約を作れるような選択肢を与えなければなりません。

「息子さんはいますか」とシニアパートナーに質問しました。思春期の息子の傲慢な態度に腹が立ったあまり、おまえなど失敗すればいいと内心思ったことはありますかと。

「頭痛の種になっているこの男に比べれば、息子は問題など起こしたこともない」とシニアパートナーは言います。

「では、自分の好意が過剰に拒否されると、ときに自分の中の一部（利己的自己）が、つまずいて転んでしまえと思うことがあるのは、理解できるでしょうか」

シニアパートナーがうなずくのを見て、私はさらに尋ねました。

「自分の中のその部分が契約に影響を与えているとは考えられないでしょうか」

「たしかにそうかもしれない」

「最高の状況にあれば、ここにいるあなたのパートナーができること、できないことは、あなたご自身がよくご承知でしょう。腹立たしさのあまり失敗してしまえと思う部分が勝って力を持つと、本当に相手は失敗するでしょうし、そうなれば事業も失敗するでしょう」

シニアパートナーはうなずきました。そして優秀なコンサルタントを雇ったなと素っ気ない口調でジュニアパートナーを褒めました。

ジュニアパートナーはすでに協力的な気持ちになっている。私はそう確信していました。何しろ相手は自分の目の前で過失を認めたのです。「中心的自己」向かって誠実に話せば、そこには反発しにくい空気が生まれます。このような雰囲気にあって「利己的自己」が現れるのは、周囲のコーラスがハ長調で歌っている中でロ短調でハミングするくらい難しいことです。

次の段階としては、ふたりが協力して契約を修正し、共同で行っている事業にできるだけ役立つ内容にすること。契約のどの部分が現実的に考えて不可能なのか、ふたりで話しあう必要がありました。

具体的な問題をめぐって緊張が高まると、おのずと「利己的自己」が姿を現す。私はなるべく不安感に左右されないようにとその場で助言しました。例えばジュニアパートナーが「これでは不公平だ。儲けはすべてあなたに、値下がりのリスクはすべて私が背負うことになる」と言えば、シニアパートナーは資金よりも失うものがはるかに大きいことを恐れていると説明します。「契約にそれぞれの能力を反映させるようにしたらどうでしょう。失敗した場合のことにはあまり重点を置かないようにして」

ジュニアパートナーはこちらの意図を理解してくれたようでした。失敗した場合の取り決めにこだわれば、相手の不安は増すばかりで議論は一向に進展しません。いま自分がすべきことは、シニアパートナーの信頼を得ることだと気づいたのです。

一方のシニアパートナーは、相手の関心が「自分が生き残ること」から目の前の仕事に移ったことによって安心し、提示される条件に柔軟な態度を見せるようになりました。

会話は弾み、意見の交換も活発になりました。創業当時のヴィジョンがきらめきを取り戻したのでしょう。ふたりとも「利己的自己」によって研ぎすまされた戦略的能力を建設的に使い、事業の成功につながる契約書作りに一心に取り組んでいました。「その額を十一月末までに調達することには合意できませんが、調達の準備はそれまでに整うはずです。一月一日までには資金が入るでしょう」とジュニアパートナーが言うと、シニアパートナーは躊躇することなくその言葉を信頼しました。ふたりは契約の条件をすべて書きあげ、シニアパートナーが会議に行く十一時までには弁護士に見せられる形になっていました。

「よし、時間までに終わった」。シニアパートナーが厳しい声で言ったので顔を上げると、その目にはユーモアの光が宿っていました。「規則その六」をすでに自分のものにしたのでしょう。ジュニアパートナーは無邪気な雰囲気を装って、冗談を口にしました。「ええ、でも何だってまたこんなに時間がかかったんでしょうね」

いまやそこには可能性が満ちあふれていました。

「利己的自己」と違い、「中心的自己」には行動パターンも戦略もない。正体らしき正体はなく、「中心的自己」そのものがその場に応じて純粋な形で表現される。幼年時代を生き抜き、その事実を自覚している人の姿とも言えるかもしれない。「中心的自己」は「利己的自己」の物事のとらえ方に寛容な態度で微笑む。それが人類の祖先の名残であり、幼年時代に必要な幻想であると理解しているのだ。子どもが「ひとりぼっち」で取り残されたと思いこんで、食料品店で泣き叫ぶのも、生き残るための本能だし、「不足」する食料にありつこうと、ほかの子どものよりも強く、あるいは賢くある必要があると思い、心身を鍛えるのもまた同じことだ。

もともと「ひとりぼっち」や「不足」という考え方は、サンタクロースと同じように実体がないものだと、「中心的自己」は自覚している。私たちが直面する脅威の多くは幻想で、深刻に考える必要はないのだ。「中心的自己」は人間を社会的な動物と見なす。つまりお互いに合わせて踊るように動き、根本的に計り知れない力を持ち、ひとりひとりがつながっている。何という自由だろう。「中心的自己」は「利己的自己」のように毎日障害物に妨げられることなく、素直にありのままの自分に耳を澄ませ、そこには何があるのだろうと探し求めることができる。

「利己的自己」は混雑する路上で人々の共感の声を耳にすることはないし、木々の揺れや潮の満ち引きに反応する呼吸の複雑なリズムを感じることも、物事に意味をもたらす長いリズムと調和することもできない。比較と策略に関心がある以上、そういうものとは無縁にならざるを得ない。それに対して「中心的自己」は開放的で、あらゆる角度にアンテナを張りめぐらせている。幼年時代を無事に終えるために使った性格を超越する「中心的自己」、それは新たな表現を勝ち取った独特の声なのだ。

「中心的自己」は、変化を通じて人生を切り開いていく。世界をとらえ直すという意味で、変化は常に起きているものの、自分では気づかない場合も多々ある。冒険に出たり、恋に落ちたり、新しい仕事を始めたりしたとたんに、自分がまるで別人のように感じたり、考えたり、話したりしていることに気づくのだが、ほんの数日前にはどう世界をとらえていたのだろうと不思議に思うこともしばしばある。

「中心的自己」の視点では、人生は変化を続ける川の流れのように動く。実際、私たちも変化し続けている。何があろうと対応できるという自信。何でも吸収し、それを力に変える能力。あらゆる影響や未知のものを受け入れる柔軟な姿勢。悠久の川の動きを変えられるという幻想など抱かず、豊かな流れに逆らうことなく身をまかせる。

私たちの友人、ヴィクラム・サヴカーが話してくれた体験をここで紹介しよう。サヴカーにとってこの体験は、「中心的自己」の寛大さと豊かさの象徴となったのだが、以下に挙げる話にはサヴカー自身の「中心的自己」が共感に満ちた宇宙に現れる様子が描かれ、私たちにもぜひ加わるように誘いかけている。

昨晩、私は大学時代からのなじみの場所に出向いた。学校の南にあるみすぼらしい食堂で、私はカウンターに座った。隣に座っているのは、ぱっと見たところ、ホームレスのようだった。男の前には、一ドル札三枚と小銭が整然と並べられている。きっと全財産なのだろう。

ウェイトレスが来て、ハンバーガーを注文すると、男は待てというように手を挙げ、大げさな口調で言った。「おれのおごりだ。今夜は何でも好きなものを注文すればいい。みんなおれのおごりだ」

そんなわけにはいかないと私は言った。たとえ好意であっても、男は全財産でおごろうとしているのだ。しかし相手は断固として、この瞬間を最高のものにしようとしている。「さあ、何でも好きなものを。おれのおごりだ」。男は全財産をカウンターの向こうの無関心な女に押しつけた。

私はハンバーガーを口に運ぶたびに、コーヒーをすするたびに、その一口一口を心から味わった。男は三ドル五十数セントで、思いやりと豊かさにあふれた人間的な世界を作り出したのだ。つかの間の世界はグリルから立ちのぼるおいしそうな匂いに満ちている。ボックス席からはカップルの幸せそうな話し声が聞こえる。そして私はその瞬間に居合わせるという至福の経験をした。「いろいろありがとう」と私は男に言った。

「とんでもない」と男は言い、何とかお礼ができないものかと考えあぐねる私にウィンクをした。「こちらこそ礼を言うよ」

「規則その六」に従って、子どもじみた要求や権利の主張を放棄すれば、あっという間に素晴らしい宇宙に移行できる。人々が助けあい、人間なら誰もが抱く思いやりや、協力したいという気持ちが容易に実現できる宇宙。そんな場所は、たいてい頭のすぐ上にあり、天使はそこを飛ぶことができる。天使は自分のことをあまり考えないからだが、私たち人間も、たったひとつの規則でその宇宙を飛べるようになる。

手法
7

ありのままを受け入れる

映画『ベイブ』のワンシーン
場面…クリスマスの農場。豚、牛、鶏、そしてアヒルのフェルナンドがキッチンの窓辺に集まり、首を伸ばして、自分たちの仲間のうちの誰がごちそうのメイン料理に選ばれたのか見ようとしている。大きな皿にはオレンジソースを塗られたアヒルのロザンナが載っていた。

アヒル《フェルディナンド》　何でロザンナが？　あんなにすてきな子だったのに。もう我慢できない！　あんまりだよ、心まで食べられてしまうようで……。
牛　幸せになるにはな、現状をありのまま受け入れるしかないんだ。
アヒル　それにしても最低の現状じゃないか！

牛の言葉はくり返し耳にする人生観だが、実際にほとんどの人の考え方を代弁しているのはアヒルのほうだ。「現状」に対してだけではなく、牛の達観したようなあきらめの境地を理解できずにいる。同じような立場に置かれたら、おそらく牛はおとなしく現状を受け入れるだろう。一方のアヒルは何とかして逃げ道を探すに違いない。しかし万が一、出口が見つからなければどうなるだろう。残り少ない日々を檻の壁に体当たりしながらみじめに過ごすのだろうか。

本章で紹介する手法は、牛のようなあきらめの境地でも、アヒルのようにじたばたするだけの抵抗でもない。現状に対する自分の感情も含めて、すべてを受けとめる。そうすることによって、自分の行きたい方向へつながる次の一歩を明らかにする。それが重要な鍵となる。

「利己的自己」はこのような挑戦を恐れ、しきりにくり返す。「なんてみじめなんだ」しかし「中心的自己」は新しい体験をするたびに成長し、どんどん広がっていく。「いまはどんな状況だろう」と冷静に分析し、「ほかには何があるだろう」と新たな可能性を探る。

いまこの瞬間に集中するのは、牛のようにあきらめて現状を受け入れるのとは違う。否定的な感情を押し殺したり、本当は我慢できないのに平然とした態度を装ったりすることでもない。「負のスパイラル」を超越できるように自分を高めろというのでもない。抵抗することなく、現状を受けとめる。いまこの瞬間に集中し、そこで起きていることを受けとめる。そしてどんなに強烈なものであれ、自分の反応もそっくりそのまま受けとめることが大事なのだ。

例えば、冬の休暇で毎年恒例のフロリダ旅行に出かけたら、激しい雨が降り続いていたとする。もちろん、気に食わない。太陽、暖かな気候、ゴルフ、ビーチでののんびりした時間を楽しみにしてきたのだから、残念に思うのも当然のこと。ここで大事なのは、雨という現象と、雨に対する自分の感情のすべてを受けとめられるかどうかだ。それができなければ、現実に抵抗してみじめに休暇を過ごすことになるだろう。せっかく来たのに雨だなんて。天気がどうなるかなんて誰も教えてくれなかった。パンフレットに晴天の写真を載せているのだから、ホテルは宿泊代を返すべきだ。「本来はアリゾナ州のトゥーソンに行こうと提案したのに、それに反対した妻が悪い」などと思考は「負のスパイラル」に陥り、思わず天に向かってののしってしまうかもしれない。よりによってなぜ自分がこんな目に遭わなければならないのかと。

しかし、客観的に考えれば、別の選択肢もある。雨は勝手に降らせておけばいい。抵抗などせず、思考を組み立てるときに「しかし」（逆接）を「そして」（順接）に入れ替えればいいのだ。

冬の休暇でフロリダに来ていて（順接）、雨が降っている。期待どおりには行かずに本当に残念だ。この季節に雨に降られたかったら、シアトルの友人を訪ねていただろう。（ここに『しかし』を置かないこと）これが現状である。

抵抗せずに、この瞬間を冷静に分析し、現状を受けとめる。そうすることによって、次の質問に移ることができる。「では、この現状を踏まえて、自分は何をしたいのか」。するとさまざまな道が現れてくる。屋内でのんびりするのもよし、最高の食事をするのもよし。読書、セックス、または会話を楽しむこともできる。映画に行く。雨の中を散歩する。あるいは、次の便でトゥーソンへ向かう。

抵抗することなく起こっていることすべてを受けとめる。その能力があれば、可能性が生まれる。

遠視の人が眼鏡をかけると、本を読んだり、子どもの指に刺さったとげを抜いたりできるのと同じように、これまで見えなかったものが見えてくる。じたばたあがくのをやめて目の前のものを受けとめれば、先へと、可能性に満ちた以来へと進むことができる。

滑降に挑む

ロズの話

ある年、私はひとりで三日間のスキー旅行に出かけました。技術を高めることだけに集中しようと計画した旅行でした。一本目で、アイスバーンの上で滑って転び、その後は用心深くなって、アイスバーンが見えるたびに転ばないようにと緊張しました。運が悪く、どこもかしこもアイスバーンだらけ。計画をあきらめて、本当のスキーができるときにまた出直そうかとも思いました。けれどもそのときはっと気づいたのです。私は本当のスキーとは雪の上でのスキーだと勝手に思いこんでいる……。ベンがよく口にする「腹の皮がよじれるほどの笑い」が思わず出ました。当たり前のことに気づいたとき、人はうれしさと驚きに心の底から笑いがこみ上げてくるのです。ニューイングランドでスキーをするなら、アイスバーンがあるのは当たり前だと思わなければならない！　そこで頭の中で分類をし直し、スキーを雪とアイスバーンの上でするものという定義にしました。二本目では、新しい考え方に体もすぐについてきて、アイスバーンがあっても過剰に身構えることはなくなりました。

スキーをする人ならお分かりのように、アイスバーンにへたに抵抗すると、滑って転んで痛い目に遭う。けれども、敵意のない地面だと思って横切れば、優雅に向こう側まで行けるもの。失敗にはアイスバーンと似た側面がある。抵抗すれば力が入りすぎて滑り落ち、結局敗北感を味わう。でも行動の定義に事前に失敗を含めれば、数々の障害を難なく滑り抜けて、より長い滑走を楽しめる。

失敗の階段を駆け上る音楽

ベンの話

この驚きはけっして忘れられません。

ボストンフィルハーモニーと、マーラーの交響曲の中でもとりわけ難しい曲を演奏したあと、第一ホルン奏者が私のもとに来ました。きわめて高度な技術が要求されるソロを見事に演奏したのですが、その当人が「本当に申し訳ありません」と言うのです。私は何のことを言っているのかしばらく分からず、ただ見つめ返しました。しかし相手は、どう見ても落胆した様子です。

改めてその日の演奏を振り返ると、たしかに第一ホルンが長いソロのひとつで、非常に目立つ高音を二つ外していたのを思い出しました。録音を何度も聞けば、気になる人がいるかもしれない。しかし九十分近く続く情熱的な演奏全体から見れば、取るに足らないことです。それどころか、結局はミスにつながったものの、演奏家の真摯な情熱こそが、生命力にあふれた演奏に大きく貢献したのです。

マーラーの時代に比べれば、現代の平均的なオーケストラ団員の演奏水準ははるかに高くなっています。マーラーが特定の楽器に難しいパッセージを書いたとき、例えば交響曲第一番第三楽章に出てくるコントラバスのソロ、「ジャック兄弟」の旋律がそのひとつですが、人生の一部と考えていた人間のもろさと危うさの感覚を音楽で表現していたのは、ほぼ間違いないでしょう。オーケストラと指揮者にとって、マーラーの交響曲を演奏するのは、アンサンブル、表現、技術の面で非常にリスクが高く、技術的に完璧であれば曲の本質が伝わらないという矛盾に陥ることになります。だからある意味では、優れた演奏家のほうが、技術的に余裕のない演奏家よりも苦労することもあります。

客観的で「冷静」であると考えられている作曲家のストラヴィンスキーは、「春の祭典」の冒頭部の危うさを表現するにはうますぎるという理由で、あるファゴット奏者を外したことがあります。心臓が止まるような出だしの部分は、極寒のロシアの冬に最初のひびが入る様子を表しています。持てる技術を駆使してようやく弾けるようでなければ、ストラヴィンスキーが求めたものを真に表現することはできないのです。この部分を楽々と弾けるファゴット奏者なら、確実に作曲家の意図を取りこぼすことになるでしょう。

バイオリン協奏曲のこの難しいパッセージは演奏不可能だとバイオリニストに言われたストラヴィンスキーは、こう答えたといいます。「ここは弾いている音が欲しいのではない。弾こうとしている音が欲しいのだ」

競争の激しい文化でこの姿勢を貫くのは非常に難しい。ミスや批評に注目が集まるがゆえに、本来最も大切にすべき魂の声がさえぎられているのが現状です。しかし、音楽はリスクをとろうと誘いかけています。既知の能力を超えて必死に背伸びをし、失敗する可能性を前向きに肯定してはじめて、冒険は楽しいものになるのです。失敗したら心の中で両手を挙げて、「やった！」と叫び、いっそう高い目標に焦点をしぼり直しましょう。

区別について

現状を受けとめる手法では、自分の想定や感情と事実――つまり起こったこと、あるいは起こっていること――との区別が求められる。状況を認識する場合、常に想像力が働いてしまうことを考えれば、このような区別は容易にできるものではない。事実そのものと、事実に関する考えや感情を区別するのが難しいと思われる例を以下に挙げよう。

「あるべき」を取りのぞいて現状を受けとめる

ある状況が気に入らないと、私たちは現状ではなく、あるべき状況ばかりに関心を向ける傾向がある。実際に授かった子どもの個性を無視して、「そうあるべき」と子どもを相手にするような態度をとってしまう場合も多々あるだろう。雨や子どものわがままではなく、飢餓、圧政、時給温暖化の問題になれば、その影響ははるかに大きなものになる。現状の悪い点ばかりに目を向けていると、結局は効果的な行動がとれなくなり、何の解決策も見いだせなくなる。全体像を理解したり、次にすべきことを話しあったり、「すべきではないことをした」人を大目に見たりするためにも、現状をしっかり受けとめるのは大事なことである。

出口をふさいで現状を受けとめる

人間の感覚には寒さや腹痛のように単に不快なものもあれば、苦悩、悲しみ、怒りなどの感情のようにあまりに強烈で、何とか出口を探したくなるものもある。感情に抵抗したり、現状に背を向けたり、責任を転嫁したり、場合によって考えられる出口はさまざまだ。「出口をふさぐ」というのは、どんな感情であれ、それに向きあうことを意味する。頭上で嵐が暴れ、雷雨が降り注ぎ、最後に澄んだ青空がのぞくまで、感情の流れに身も心もまかせるのだ。

愛情たっぷりの親でさえ、子どもが問題を抱えると、現状を受けとめることが困難になる。子どもが苦しむのに耐えられず、寄り添って慰めることもできず、やがてその声すら届かなくなってしまう。しかし感情は筋肉と同じで、出口をふさいで鍛えれば鍛えるほど、精神的な重荷に耐えられるようになる。努力を要する分野では、強力なエキスパートになるだろう。

判断せずに現状を受けとめる

フロリダで雨が降れば、観光客にとっては不都合でも、オレンジの生育には好都合になる。飛行機の便がキャンセルになれば、スケジュールは台なしになるかもしれないが、ひょっとしたら空港のロビーで未来の花嫁と出会うことになるかもしれない。森林火災が起きれば、短期的には生態系が壊れるが、長期的な視点に立てば力強い再生のきっかけになるかもしれない。ミサゴが魚を捕るのに良いも悪いもない。このように自然はけっして判断を下さない。下すのは人間だ。善悪を見極めようとするのは人間を高める特性のひとつなのだろうが、「良い」も「悪い」も、人間が世界を分類したのちに下された評価であって、世界そのものではない。

若者がラビに会いに行き、こう言った。「以前、ある話をうかがいました。賞賛についてだったと思います」

「たしかに話した。吉報が届けば神に感謝し、凶報が届けば神を賞賛せよ」。ラビが答えると、若者が尋ねた。

「そうでした。しかし、吉報と凶報をどう見分ければよいのでしょう」

ラビは顔をほころばせて言った。「賢明な質問だ、若者よ。どちらに展開しても対応できるように、念のため、常に神に感謝することだな」

「物理的な現実」と「概念上の現実」を区別して現状を受けとめる

現状を受けとめにくくなる要因は複雑で、たくさんあるが、とりわけ混同しやすいのは、物理的な現実と抽象概念――つまり頭と言葉が作り出したものだ。言葉は、時空には存在しないものの、現実にあるように思えるさまざまな「もの」で満ちている。例えば「正義」「美」「ゼロ」などだ。実際、こうした概念がなければできないことも往々にしてある。数を数えたり、人から学んだり、行動の規範を作ったり、そんなことができるのも概念があるおかげだし、過去や未来を行き来できるのも概念あってこそと言える。しかし同時に、このような「もの」は世界の現象を間接的に表しているにすぎない。事実のみで成立するものを指すのではなく、すべて言葉の創造物ということになる。

時間や空間とは関係なく存続するのが抽象概念の特徴でもある。結婚したくてたまらない三十代女性が「男性がいない」と嘆く場合、今晩のボストンの状況を言っているわけではなく、あくまでも概念上で現実を述べているにすぎない。「運命」のような抽象概念は、現状に抵抗するときに考え出されたもので、人生の幅を狭める作用を持っている。

フロリダの休暇で二回も立て続けに嵐に遭えば、何かを楽しもうというときにはいつも悪いジンクスとして、暗雲がついて回ることにもなりかねない。事実についての判断と、事実そのものの描写を切り離して考えること。それが現状を受けとめるうえでは大切になってくる。

壁

ロズの話

十六歳の息子の要望で、あるご家族が相談にきました。家庭内の空気が耐え切れないほど張り詰めてきたので、普段は口数の少ない少年がセラピーを受けようと自ら提案したといいます。父親が医師から紹介を受けて私のところに来たのですが、初回の面談のとき、動揺していた父親は真剣に言いました。「息子は私たちと話さないんです。けっして立ち入れない壁を作って、私たちを人生から閉め出していて」

こんな言い方をするなんて変な話だと私はそのとき思いました。家族でセラピーを受けようと言い出したのは、その息子であるはずなのに。

両親は息子のほうを向いて反応を待ちましたが、息子は何も言いません。「ほらね」と父親は言い、自分の思いをこんこんと説明しはじめました。息子は完全に自分の殻に閉じこもっています。父親としてはもっと情報が、触れ合いが欲しいと思っているのに、けっして心を開いてくれない、などなど。

これは創造力に満ちた言葉が気づかれずに見過ごされるいい例です。父親は息子が交流を妨げる壁を築いたと言っているけれど、それは父親が口にしたからこそ現れたにすぎません。

部屋の中にいた四人は、言葉の魔術によって、一瞬にして四人と一枚の壁に変わりました。父親が説明すればするほど、壁は分厚くなり、その向こうにいる息子はますます見えなくなっていく。父親は息子が黙っているのは壁の存在が原因だと考えているものの、自分から息子に話しかけたり話すように促したりしていない事実には気づいていません。

詳しく説明することで状況を理解してもらおうという熱意は分かりますが、壁があると主張することで、親子を隔てる障害はどんどん強固になっていきました。その後の会話もすべて「壁」に終始し、部屋の中が沈黙に包まれるたびに壁の存在が強調されました。

表現の仕方をほんの少し変えるだけで、会話に活気が生まれます。例えばこんな会話を想像してみましょう。「親子のあいだに壁が存在するという状況を想定してみようか」と父親が提案し、息子が同意すれば、架空のゲームの世界にある壁を親子で壊すまねをします。今度は息子は別の比喩を使って、自分の姿は親には見えていない、、、、ように感じると中傷するかもしれません。その言葉に驚いた親は、同じ部屋にいる生身の息子に注意を向け、そこから本当の親子の関係が育っていきます。

あるいは父親がこんなふうに会話を切り出したらどうでしょう。「息子よ、おまえがこうして私たちと一緒にいてくれることは、何物にも代え難い幸福だ」あるいは「いま、いちばん腹立たしいことは何だい？」でもいいし、「いままで誰にも話さなかったことを話してやろう」でもいい。きっと息子は顔を上げて父親を見ます。そして親子は可能性の旅の第一歩を踏み出すのです。

私たち人間は抽象概念を無意識に物理的な現実と認識する傾向があります。そんな態度はありのままの現実を見る妨げになり、その結果として、目的を成し遂げる力は弱まってしまうでしょう。

負のスパイラルに陥る話し方

前章では、「利己的自己」と「中心的自己」という自分の中のふたつの部分を区別する方法を提示した。「利己的自己」が働いていると、私たちは障害物競走のように前へ上へと必死に走ることになる。注意は行く手に見える「障害」のみに注がれる。障害という概念を「壁」や「バリケード」といった比喩で強調し、その高さや数をああでもないこうでもないと案じるのが、「負のスパイラルに陥る考え方」だ。

「負のスパイラルに陥る考え方」は可能性を締めだすあきらめきった話し方とも言える。「クラシック音楽を支える年配の夫人がどんどん亡くなっていく」にしても、「商業主義が支配する文化では、誰も芸術に資金を出したがらない」にしても、「いまや学生はポップスにしか関心がない。クラシックを聴く人は減る一方で、いずれはこの芸術自体が滅んでしまう」にしても、このような切り口では会話が行き止まり、悪循環になるばかり。

この手の考え方の根底には、道を阻まれ、勝つ見込みがないという恐怖心があり、その恐怖心が現状をそのまま映し出している。いまの状態は明らかに間違っていて、問題があり、正す必要がある。どんな業界や職業にも、あるいはどんな人間関係にも、「負のスパイラルに陥る話し方」がある。不足という抽象的な概念に縛られ、可能性には限界があるという筋書きを勝手に作り出し、状況が悪化する過程を説得力と共に語りはじめる。

どうして悪循環が起こるのか。考えれば考えるほど、どうして物事は絶望的に見えてくるのか。ドッジの赤い小型トラックを買ったとたんに、同じ車を高速道路のあちこちで見かけるようになったり、子どもの出産予定日の八カ月くらい前になると、なぜか妊婦が目につくようになったり、要はそれと同じことだ。ひとつのことに注目すればするほど、その証拠は確実に増えていく。光や空気や水が植物を育てるように、障害物や問題に注目すれば、それらは際限なく大きくなる。

そんなとき現状を受けとめる方法を使えば、「利己的自己」が膨らませた想像の、客観的な事実を確認することができるだろう。関係のない話に嫌気がさした警官が「事実だけを話してください、事実だけを」と興奮した夫人に向かって言うように。いったん現状がありのままの状態で明らかになれば、そこから輝く可能性が生まれ、開かれた空間へと伸びる何本もの道が照らされることになる。

すると障害は現状――つまり起こったこと、あるいは起こっていることにすぎなくなる。前述の話を例に挙げれば、父親は事態をこう表現するかもしれない。「私は息子の人生について、何も質問しなかった。そして息子もまた、自分から情報を与えようとしていない」と。あるいは「正直なところ、どう尋ねたらよいのか分からない。息子が私のところに話しに来ないのが、もどかしくて仕方ない」と口にするのも現状の説明になる。その時点で、解決の糸口は明白に見えてくるに違いない。父親にしてみれば、自分の何かを息子と共有すること、相手に関心を持って質問することこそが、いまやるべきことであり、それが関係を強める次の一歩になるのだ。

同様に、オーケストラの運営責任者の場合はこう説明すれば満足を得られるかもしれない。「三月十四日の演奏会には、八百人、四月十日は七百人の客が集まった」と事実のみを告げ、集客の増減には触れない。「聴衆が減りつつある」というのは、言ってみればお化けのようなもので、人の話の中にしかない。四月の演奏会に来た七百人と握手し、パンフレットを渡すときに、「次回もお待ちしています！」と笑顔で言えば、けっして負のスパイラルに陥ることはないだろう。

可能性の視点から話す

組織の中で可能性をはっきり表現する人は、お気楽な夢想家とか「コップに水が半分も入っている」と解釈する底抜けの楽天家とかいう言葉で片づけられてしまう。それに対して、否定的な態度の人は、自分はきわめて現実的だと自負してやまない。

しかし実際は「半分、空になっている」と見る人こそ虚構の網に捕らわれている。なぜなら「空」や「不足」は「壁」と同じく、頭の中で生み出された抽象概念であって、「半分入っている」という事実こそ、物理的な現実の尺度になるからだ。つまり、いわゆる楽観主義者だけが現実を見て、実際のコップの中身を描写しているということになる。

現状を受けとめる方法を用いれば、生き残りの世界で危険を回避するために作られた目に見えない抽象概念の呪縛から抜け出すことができる。可能性、例えば夢やヴィジョンに満ちた世界へつながる意識的な表現も、容易にできるようになる。何か言葉を口にする前に必ず、キング牧師の不朽の名言

「私には夢がある……」をつぶやいたらどうなるだろう。自分の言い方が現実を作る、物事の定義の仕方で人生がそのように展開するという認識を持つと、私たちは常に可能性の視点から発言するようになるに違いない。

本章では、いや、本書全体を通じて、悪循環に陥る話し方と可能性につながる話し方を区別する方法が明確に示されている。さあ、あなたも自問してみよう。

もしかしてこのように話していないだろうか。

それとももちゃんとこう話しているだろうか。

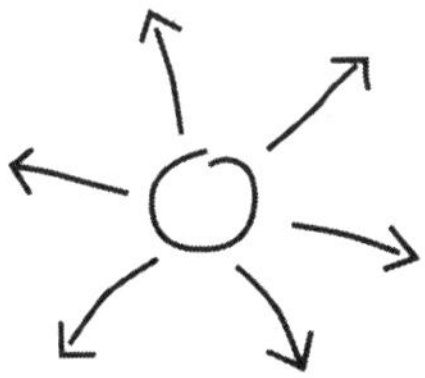

ロズの話

「ジェーン・グッドールのような仕事をしたいけど、毎日あれほどの恐怖に立ち向かうなんて、私にはできないわ」

石の多い浜辺を散歩しながら娘が言いました。これ以上ないほどの完璧な時間。風はさわやかで、日の光は暖かく、海鳥が入り江から岩だらけの岬までのあちこちで鳴いています。頭上には光り輝く青空。メイン州での素晴らしい日には、情熱を持って容易に現実を受けとめることができます。義務も心配事もないとあれば、なおさらのこと。けれども苦しみ、喪失感、失望に直面したとき、私たちはどうしたら現実を受けとめられるのでしょうか。

サンフランシスコで開催された世界フォーラムでのグッドールの講演を聴いて、私もまた娘のサンドラと同じ思いを抱きました。

ジェーン・グッドールは野生のチンパンジーの研究で世界的に知られている人物で、タンザニアをはじめとするアフリカ各地で地域の人々と協力して保護区を作り、人間が生物学的に多様な環境と調和して暮らせるようにする活動に取り組んでいます。生態系を大切にするように子どもたちを教育する活動には、いまや各国政府が資金を提供しています。「ルーツ＆シューツ」と名付けられた活動では、精力的な支援を続け、すでに五十カ国以上を回っています。

サンフランシスコの公園で、グッドールは静かな口調で聴衆を魅了しました。多数の国家元首の心を動かした彼女の力からすれば、当然の結果でしょう。私たちはそこでさまざまな話を聞きました。

密猟、殺戮、自然の衰退、生息環境の破壊。けれどもグッドールは、どんなテーマでも、それらを「可能性を妨げるもの」としては語りませんでした。善と悪、痛ましい非道な行為と祝福に満ちた生命の兆し、そんなすべてを彼女の温かな視線が包みこんでいました。実際はこうあるべきではなかったと暗示するような表現はひとつもありません。非難めいた言葉は一切口にせず、彼女は普通の人なら苦痛に感じるようなことを淡々と語っていました。

グッドールはただすべてを語ることによって、いま私たちがいる場所から伸びる何本もの道を示していました。その表情には思いやりと愛だけがありました。ジェーン・グッドールの並々ならぬ力は常に現実に根ざし、何かに抵抗することなく、現状をありのままの世界を受け入れていたのです。

現実を受けとめ、それと共に生きるには、大きな人間になる必要がある。いずれにしても、本来はこうあるべきなのだと最初から想定するのではなく、あくまでも現状から出発することが大切になる。非難したり、逃避したり、正そうとしたりせず、矛盾、苦痛、恐れ、想像をすべて包みこんで、空高く舞い上がる方法を身につける。遠くまで見渡す鷹のように、常に全体像を把握して。現実を受けとめる方法によって、私たちは開かれた場所に降りていくことができる。「真実」の力で次の一歩を踏み出すのはその場所だ。そしてそこでこそ、空は大きな広がりを持つだろう。

手法
8

情熱に身をまかせる

何かを望むとしたら、富や権力はいらない。可能性の情熱、いつまでも若く燃えるような可能性をとらえる目が欲しい。快楽は人を失望させるが、可能性はけっして失望させない。そしてこれほど輝き、これほど芳しく、これほど酔わせるワインがあるだろうか。可能性というワインほど。

セーレン・キルケゴール『あれか、これか』

私たちのまわりは脈々と波打つエネルギーに満ちている。宇宙は創造的な力で火花を発している。しかし、その力の源はどう使うのだろう。活力のコンセントはどこにあるのか。その日その日を生き抜くには、自らの力でエネルギーをくみ上げなければならないのだろうか。それとも、自分以外の源泉からの流れを利用できるのだろうか。

生命力に満ちた表現豊かなエネルギーがあらゆる場所に流れ、存在する生命の支えとなっていると想像しよう。また、その生命力の利用を妨げるものは、自分の中にあると仮定する。私たちの認識が異なるのは言うまでもない。世界は分類された形で届き、認識される。人間は個別の存在であり、物には輪郭があり、リンゴとオレンジは実質的に異なる。そんなすべてを融合するエネルギーに遭遇することはめったにないし、たとえあったとしても偶然に負うところが大きい。そう、アリスがウサギの穴に飛びこんだときのように。例えば何かとてつもなく大きなものにのめり込んでいるとき、あるいは最も根源的なレベルで人と人が向きあったとき、私たちはこのようなエネルギーを感じて驚くかもしれない。しかし、人間の心と体には、境界線を能動的に開放し、一瞬にして輪郭をなくす能力がある。その線がどこにどう引かれているのかが分かれば、あとはその能力を使って自由を獲得するのみ。

本章の「情熱に身をまかせる」手法には、ふたつの段階がある。

●第一のステップは、自分が尻込みしている部分に気づき、解放すること。自分を抑制し、外部と隔てている枷を取り除き、活力と情熱をみなぎらせ、自分という枠を超えたすべてと結びつく。
●第二のステップは、とにかく全身全霊でのめり込むこと。情熱の流れを利用し、自らが世界に新しい表現を生み出す媒体となる。

文明は予測可能な秩序を求める傾向にある。実際、そうでなければ大きなことは成し遂げられない。会社を興したり、子どもを指導したり、星の研究をしたり、交響曲を指揮したりするのにも、秩序は必須の要素となる。挑戦的な都市の作りにも、日常生活の多くの場面にも、物事を分類して把握する人間の認識パターンが反映されている。しかしそのために、都市生活では境界線が過剰に強調され、人間が孤立した状態に置かれてしまう。自然の中で自分よりも大きな力を感じる人が多いのもそれが理由だろう。人と自然とのあいだにある扉を開くには、何よりもまず降伏することが必要になる。

跳躍

ロズの話

三月の後半、ニューイングランド州の北部の景色は躍動する舞台のようでした。白黒の映画のような空と山、濁流が氷の下で荒々しくうねり、春がそここで弾けるようにためらいなく動き出しています。私は急流にかかる吊り橋を向こう岸へと渡り、土手を下りました。そこで目にしたのは、思いがけない光景でした。緑色の巨大な三角形の氷がいくつも空に向かって立っている。激流は凍った川面を突きやぶり、ぎざぎざした氷が積み重なっている。川は荒れ狂うようにとどろき、絶え間ないエネルギーとなって水をかき乱している。自由奔放でとてつもない力が、その場所にみなぎっていました。

私は震え、ほとんど何も考えられませんでした。その場にいて、屈しないのは不可能でした。耳の中で激しく鳴り響く水の音。神経を逆なでするような力から身を守るために、くるりと背を受けて土手を登り、道路に戻ることもできたかもしれません。道路の数メートル先には食堂があるし、快適な距離を置くこともできます。しかし私は身動きもせず、川岸に立ち尽くしていました。

その瞬間です。私は自分という存在を飛び越え、気づくと猛々しい力と一体になっていました。「この力を全身に駆けめぐらせよう」。私は微動だにせず全身ですべてを受け入れました。「自分を作りあげている分子という分子をこの力に委ね、信頼して屈しよう。与えてくれるものをありのままに受け入れて」

実際、それ以来、自然は私に力を与え続けてくれています。人生に情熱が必要なとき、川面はいつでも私の中で波立っているのです。強烈な流れに頭が敏感になり、無限の分子の動きすら聞こえるような感じがします。栄光を称えるように、氷が海の色をした像のように飛び跳ねるのが見えます。

何カ月もあと、ニューイングランドの海岸でまぶしい夏の一日を過ごしたときのこと。私は思わず感嘆の声を上げていました。「いったい自然は何を求めているのだろう」。目にするものがあまりに美しく、何をどうすればよいのかも分かりませんでした。私はカヌーで深い緑色の水をたたえた入り江に来ていました。節くれ立つ松の根が崖にしがみつくように伸びて、日の光に草が輝きながら揺れ、水面から何羽もの鳥が飛び立っていきます。

疑問は自分の純真な部分からわき出たもので、意外にも答えはすぐに分かりました。「自然は水の気持ちになれと人間である私に訴えかけているのだ。岩のような重さをひしと感じたり、松の枝や葉と共に空に手を伸ばしたり、指先で水面をなでたりして、自然と一体になれと」。その日、あとで時間を置いて絵を描きはじめると、キャンバスにはおのずと自然の勢いが表現されていました。それは物でも線でも色でもなく、力強い生命力、幾何学的な脈動、炎のように熱い情熱でした。

この世界には人を通して行動に移し替えられる活力、生命力、エネルギー、胎動がある。過去にも未来にも、自分という人間はただひとりであるがゆえに、その者から表れ出るものは世界にひとつしかない。自らそれを妨げれば、ほかの媒体によって表現されることなく、失われてしまう。それはこの世に現れないまま、なかったことになってしまう。それ自体がどのくらい素晴らしいものか、どのくらい価値があるか、ほかの表現と比べてどうかを決めるのは、自分の役目ではない。ひとつの媒体として心を開き、表現し続けるのが自分の使命である。

アグネス・デミル

『マーサ・グレアムの生涯と実績』より

旋律

海の波とのつながりを忘れた人や、草原を通り抜ける風の動きとの接点を失った人のように、演奏家もまた、旋律との結びつきを失ってしまうことがある。特に個々の音や和音を完璧にすることだけに注意を向けると、そんな事態に陥りやすくなる。

人間はもともとあらゆる自然を利用できる力を有している。それを意識せずにいると、生命力の表出はおのずと妨げられる。音楽家は自分の感情や目の前にある音の色や響きを表現することばかりに気を取られてはならない。肝心の情熱の旋律が表現できなければ、その演奏は一部分だけが強調されたきわめて退屈なものになる。

　ベートーベンの「月光」ソナタを例に挙げよう。右手の三連符を強調するあまり、低音の旋律が埋もれてしまうのはよくあることだが、そうなると曲の意味がまったく変わってしまう。右手の個々の厳粛な音をていねいに表現しようとするとテンポが下がり、曲の性格が変わって、ベートーベンが意図した軽い前向きな幻想曲ではなく、伝統的な解釈に従った深い郷愁と悲哀に満ちた曲になってしまうのだ。

　有名なピアニストで、指導者でもあるレオン・フライシャーは、ある曲を演奏するということは重力に逆らうことだと述べている。音楽家の役割は、曲全体の理解に向けて聴き手の注意を引きつけること。そのためには単なる人工的な区切りであり、曲の流れとは無関係な小節線を超えなければならない。曲の大きなまとまり同士を結びつけようとすれば、個々の音や和音を強調する場合よりも、演奏のテンポは上がるだろう。ベートーベンやシューマンの作品で、演奏の速度が非常に速く感じられるのもそのせいで、実際、演奏家や学者の多くは速すぎると感じているらしい。特にこのふたりの作曲家は、旋律を浮かび上がらせることに情熱を傾けていた。

　私たちの人生についても、やはり同じようなことが言える。自分がその一部を構成している大きなパターンを意識すると、生命が持つ無限の力が止めどなく流れだし、世界にひとつしかない自分という旋律が奏でられる。曲の土台を担う推進力を持った音と単なる装飾的な音を区別すると、一気に音楽が舞い上がるのと同じことだ。演奏家が本質的な音を結びつけて演奏すれば、上昇気流に乗って浮かびあがる鳥のように、颯爽と旋律が現れる。自分が生き残ることにとらわれず、生命力を表現する独特の媒体になることができれば、人生は確実に形と意味を帯びてくるだろう。

ベンの話

何年も前、フィレンツェの音楽学校で和声の勉強をしていたとき、曲の和音をひとつひとつ分析する方法を教わったことがあります。分析の結果できあがったのは、いくつもの小部屋が集まるオフィスの平面図のようでした。教師からは和音同士につながりがあるという説明はなかったので、私たち学生は和音構造や曲の流れについて理解できず、曲を俯瞰することなどとうてい不可能でした。

旋律や全体の構造を俯瞰すると、新しい意味が見え、それが音となって聴こえます。地面から見えたものをはるかに超越した意味であることも、少なからずあります。曲の本質的な形を明らかにしてこそ、その曲本来の情熱が十分に表現できるのです。

私は公演美術を教える大学進学準備校のウォールナットヒルで芸術責任者を務めていますが、そこで教えている上級クラスの学生が前記の要点を見事に把握し、「白い紙」に書いてよこしたことがあります。ある学生がバッハの無伴奏組曲第二番ニ短調の第一楽章を演奏したときのことです。確かにその演奏は表情豊かでしたが、曲の本質的な形がいまひとつ伝わってこない。演奏はあてもなくさまようばかりで、意味なく休んだかと思えば急に強調し、根底にある和音の動きと旋律の解釈がはっきりしません。

クラス全員で構造、方向性、曲の性格を分析し、改めてその学生がもう一度演奏しました。すると一度目には完全に欠落していた一貫性が現れ、曲は新たな息吹を得て、自然な流れで奏でられたのです。次の文は、その演奏を聴いたアマンダ・バーという学生が、授業の終わりの白い紙の時間にさっと書いたものです。

> 眼鏡が外れると（まぬけにも落としてしまうことが多いのだけれど）、私は動揺する。草原は一瞬にして緑色のぼやけたものになり、太陽はコップからあふれた蜂蜜になる。にじんだ世界には醜さもなければ、攻撃的な要素もないけれど、自分の居場所も分からない。友だちも見分けられず、いまにも転んで倒れそうになる。ハヌイの演奏を聴いて思ったのは、それと同じことでした。最初の演奏はたしかに美しさにぼんやりと包まれているけれど、はっきりしたものは何もない。聴き手のひとりである私は、にじんだ色のなかで行き場を失っていた。ところが、二回目の演奏は明快にして緻密で、本当の美しさがそこにあった。バッハの曲の素朴な構造が、心が締めつけられるような神々しさに高まったのだと思う。

片尻奏法

ベンの話

私のクラスで若いピアノ奏者がショパンの前奏曲を弾いていました。曲の主題をもう一歩で表現できる段階まできているのですが、どうもその演奏は創造力に欠けている。曲の解釈も、頭では分かっていて、人に説明することもできるようです。しかし、音楽の真の言葉である感情のエネルギー、つまり情熱を十分に伝えることができていません。

私はふとあることに気づきました。そのピアノ奏者はまるで硬直したように姿勢をまっすぐにして演奏していたのです。「問題は両尻が椅子についていることだね」。全体を横に揺すって、音楽を体の形でとらえるように指示すると、突然、音楽が舞い上がって飛翔を始めました。演奏を聴いていた者の中には、感情の矢で胸を射貫かれたように感じた者もいたといいます。そして新しい表現が生まれました。「片尻奏法」です。

その場に居合わせたオハイオ州の会社の社長からは、あとで一通の手紙が届きました。「あなたの指導やその成果にあまりに感動したので、帰ってからすぐ、会社を片尻会社に変えましたよ」

それがどういう意味なのかは確かめていませんが、自分なりに想像はしています。情熱の力を味方につけたその社長は、事業計画を練り直し、各作業チームの士気を上げたのでしょう。情熱は個々の要求に応え、部署間の意思の疎通を促すのにも役に立ちます。社長は会社に戻るなり、社員に熱く語りかけ、一気に気持ちをつかんだに違いありません。社員は自分がそこにいる理由や、会社が設立された目的を思い出し、仕事に対する意欲を新たにしたのかもしれません。情熱こそ原動力。今後、誰かが泥沼にはまったり道を見失ったりしても、社長はきっとその社員に向かって身を乗り出し、まるで旋律を奏でるように共に目指す未来を語るでしょう。

ジャクリーヌ・デュ・プレにはじめて会ったのは、一九五〇年代、私が二十歳のときでした。デュ・プレは当時十五歳、内気なイギリスの女学生で、その後時代を代表するチェロ奏者となりました。デュ・プレと演奏したのはシューベルトの二台のチェロのための弦楽五重奏曲でした。強烈な情熱をもって演奏する彼女の姿はいまでも記憶に焼きついています。デュ・プレが六歳ではじめてチェロのコンクールに出場したときの、いかにも彼女らしい微笑ましい逸話があります。

興奮してチェロを頭に載せ、満面の笑みを浮かべて廊下を走っているデュ・プレを見て、守衛はてっきり演奏が終わってほっとしているのだと思い、声をかけたそうです。「うまく弾けたんだね」するとデュ・プレはこう答えたのです。「違うの、いまから弾くのよ」

デュ・プレは情熱がおのずとあふれ出るような音楽の媒体で、独自の高度な表現力に揺るぎない自信を持っていました。演奏とはきちんと弾くことではなく、聴衆と音楽のエネルギーに心を開き、自分ならではの声で曲を奏でること。そう理解したときに演奏家は真の表現力を獲得するのですが、きっとデュ・プレは六歳にしてそれを身につけていたのでしょう。

BTFI

ニューイングランド音楽院で水曜日に私のソナタとドイツ歌曲の授業をとっているスペイン出身の学生が、バルセロナ交響楽団の副主席チェロ奏者のオーディションを受けるので特別指導をしてほしいと言ってきたことがありました。

学生の演奏は優雅にして正確で、プロの水準と言っても過言ではありません。間違いなくオーケストラの団員になれる演奏だと私は言いました。しかし、そこにはまだ洗練の余地があり、真のリーダーシップの特質が欠けていました。色彩、力強さ、勢い、情熱面で引っ張っていく力だけでなく、普通の演奏のさらなる高みへと人を導くエネルギーが足りない。

共に曲に取り組む中で私がピアノを弾き、歌い、熱心に励まし続けると、やがて学生は堅苦しい緊張感から解放され、心の赴くままに演奏するようになりました。学生の情熱とエネルギーはすべてドヴォルザークの協奏曲の高揚するパッセージに注ぎこまれ、情熱的な表現が最高潮に達したところで私は演奏を止めました。「そう、それだ。いまのように演奏すれば、文句のつけようがない。その説得力があれば、みんなが刺激を受けて最高の演奏をするはずだ」

学生は眉の上とチェロについた汗をぬぐい、私たちはキッチンに行って夕食のスパゲッティを食べ、上等の赤ワインを一本あけました。その晩、私は練習を終えて帰ろうとする学生の背中に向かってこう言いました。「忘れるなよ、マリウス。二番目のやり方で弾くんだ！」

マリウスは大声で返事をくれました。「そうします！」

三週間後、マリウスから電話がありました。

「どうだった？」私は急かすように尋ねます。

「実は」とマリウス。「予想外の結果になりました」

「何があったんだ」と質問しつつ、慰めの言葉の準備をしました。

マリウスの口調はあくまでも冷静でした。「一番目の弾き方をしたんです」

「気にするな、マリウス。チャンスはまたある」。私は心の中でマリウスの表現力に磨きをかける手助けをしようと誓っていたのですが、マリウスは自分自身で突破口を見つけていたようです。

「いいえ、違うんです。話にはまだ続きがあるんです。肝心のオーディションで失敗した自分のふがいなさにあまりに腹が立って、僕は思ったんです。『ちくしょう、こうなったらマドリードに行ってオーディションを受けて、主席チェリストの座を獲得してみせるぞ』と。そして、誓いどおりになったんです。しかも、予定の倍の給料で！」

「何があったんだ」私は驚いて同じ質問をくり返していました。

マリウスは笑い声を上げてこう言いました。「二番目のやり方で弾いたんです」

それ以来、私のクラスではまた新しい表現が使われるようになりました。Beyond The Fuck It――ちくしょうを乗り越えるという意味の頭文字を取って、「ＢＴＦＩ」。実際、この表現は私のクラス以外にもあっという間に広まり、その影響もあってか、学生の多くはいままであきらめていた限界を乗り越えて果敢に挑戦するようになりました。カリフォルニアのカトリック系の女子校を訪れた数カ月後には女性の校長から手紙が届き、「ＢＴＦＩ」が非公式な学校の標語になったとありました。

ザンダー先生

私がAをもらったのは、並外れた輝かしい才能を持つ、人生の真の芸術家だからです。私という人間の最も貴重な宝物は、けっして尽きることのない生きる情熱です。

シュー・フェン

さて、改めて質問に戻ることにしよう。「可能性を導き入れるためのコンセント、常に変化するためのエネルギーの源泉はどこにあるのか？」

それは小節線のすぐ上、音楽の鳥が舞い上がるところにある。しかるべきテンポを見つけ、曲のほうに身を乗り出せば、私たちもその場所に行ける。勇気と共に自分の枠を捨て去れば、あとは情熱に身をまかせて人生を謳歌するのみ！

手法9 可能性の火花をおこす

ベンの話

いまでも鮮明に残っている子どものころの父親の思い出に、三つ揃えのスーツを着て、グラスゴー行きの夜行列車で出かけていったときの記憶があります。いつ帰ってくるのと母に尋ねると、明日の夕方には戻ると言います。「お父さんはね、グラスゴーの人とお話があって出かけたの。グラスゴー駅で一緒に朝食を食べて、次の列車でロンドンに戻ってくる予定なのよ」

「仲のいい友だちなの?」と聞くと、その人は私の知らない人で、父もまだ顔見知り程度だと言います。当時、八歳か九歳だった私は不思議に思い、どうして電話ですませなかったのかと父に質問しました。父は息子に人生の教訓を授けるときのお決まりで、眉を上げ、目を輝かせました。そして人差し指を立てて言いました。「人生には、相手と直接顔を合わせたほうがいいこともあるんだよ」

この列車での出張と父の教訓は、当時子どもだった私にとって、とても神秘的で不思議な経験として心に残っています。一九八一年、ニューイングランド音楽院管弦楽団をレマン湖畔で開かれるエビアン音楽祭に連れていくよう頼まれたとき、私はようやくこの教訓を実践する機会に恵まれました。

音楽祭の主催者からの提案は、世界で最も偉大なチェロ奏者のひとり、ムスティスラフ・ロストロポーヴィチのためにアンリ・デュティユーが書いたチェロ後奏曲の演奏を、ロストロポーヴィチ自身に依頼してはどうかというものでした。幸い、ロストロポーヴィチとは面識があったので、十月にワシントンの彼の秘書に電話をかけ、四月の音楽祭の日程を伝えて「スラヴァ」(ロストロポーヴィチの愛称)の予定があいているか尋ねました。女性秘書は軽蔑の念をあらわにこう返事をしました。「来年の四月ですか? ミスターロストロポーヴィチの予定は八四年までぎっしり埋まっています」

それでもデュティユーの音楽への深い愛情からすれば、ロストロポーヴィチも関心を寄せるかもしれません。直接本人と電話で話したいと告げると、秘書は相変わらず憮然とした応対で、水曜日の朝十時ならいるとようやく教えてくれました。

水曜日の早朝、私は三つ揃えのスーツを着て駅に向かう父の姿を思い浮かべながら空港へ行き、ボストンからワシントンに向かう飛行機に乗りました。「スラヴァ」の事務所に着いたのは十時少し前、電話をかけてくる約束だった男が突然現れて秘書はびっくりし、見るからに腹を立てていましたが、ロストロポーヴィチが働く部屋にしぶしぶ案内してくれました。「スラヴァ」は何年も前にオックスフォードの上級クラスで私にチェロの指導をしたことを覚えており、昔と変わらぬ包みこむようなジェスチャーで抱きしめてくれました。私たちはふたりでソファに座り、ロストロポーヴィチの敬愛する友人であり、天才的な作曲家であるアンリ・デュティユーについて話しはじめました。

ロストロポーヴィチは乗り気になって顔を輝かせ、デュティユーの天賦の才能と現代音楽における独創性について語ると、突然、演奏はいつかと質問しました。詳しい日程を言うと、予定表を見てすぐ返事をくれました。「いいとも。演奏前、午後に一度リハーサルをするだけでよければ。ただコンサートが終わったらすぐに発たなければならない。翌朝、ジュネーヴでリハーサルがあるのでね」

この決断はけっして合理的でも現実的でもなく、あくまでも情熱から来たものでした。実際、どんなに有能な学生オーケストラでも、なじみのない、しかもきわめて難しい協奏曲をソリストと一度しかリハーサルをしないで演奏するのは、リスクが大きすぎます。しかし私たちはふたりとも、無茶を承知でやってみようという熱意に奮い立っていました。意気揚々と事務所をあとにしたときは、着いてから二十分もたっていなかったと思います。「やってくれるそうだ」と告げると、秘書は明らかに仰天していました。

正午にワシントンを発つ帰りの飛行機は、機体も乗務員も行きと同じで、私に気づいた乗務員が声をかけてきました。「八時の便で一緒にこちらに到着したばかりではありませんか」

私はここぞとばかりに、「人生には、相手と直接顔を合わせたほうがいいこともあるんだよ」

ロストロポーヴィチの好意的な返事に上機嫌だった私は、ことの経緯を説明しました。乗務員は「スラヴァ」がワシントンのナショナル交響楽団で大人気の指揮者でもあることを知っていたらしく、スピーカーを通じて乗客全員にアナウンスしてくれました。「うれしいお知らせです、当機にご搭乗のミスターザンダーが、ミスターロストロポーヴィチにニューイングランド音楽院管弦楽団との共演を持ちかけるためにワシントンにいらして、ほんの一時間の滞在のあいだに同意を取りつけたそうです」

練習として

本章は相手を引きこむ手法に重点を置いている。もちろん強制したり、だまして丸めこんだり、駆け引きをしたり、圧力をかけたり、罪悪感を持たせたりして思いどおりにするのではない。可能性の火花をおこして、同じ体験を共有する、それが目的である。

火をおこすのが困難だった中世では、くすぶる燃えさしを金属の箱に入れて持ち歩き、一日中火種を絶やさないようにしていた。いつも火種を持ち歩いていたので、どこに行っても簡単に火をつけることができたという。

実は私たちの世界は、見えない火種であふれかえっている。可能性の火花を飛び散らせる無限の力は、すぐ手の届くところにある。その火種は恐れではなく、情熱にほかならず、不足ではなく豊かさが源にある。ウォルター・ザンダーが幼い息子の中に小さな火を灯したように、ベン・ザンダーはロストロポーヴィチを目覚めさせ、可能性の世界に導いた。ロストロポーヴィチはその扉をさらに押し広げて、大きな冒険に出る決意をしたのだ。しかも、この展開にはまだ先がある。作曲家のデュティユー自身が音楽祭に参加することになったのだ。

相手を引きこむには、まずは自分自身が可能性の火種となり、同時に相手が放つ火花をとらえ損ねないよう、常に心の準備をしておく必要がある。そのようにしていざ仲間となったとき、輝く空間で共に経験することは、人生でもかけがえのないものになるだろう。以下が相手を引きこむうえでの四つの鍵だ。

1　人は自分を引きこもうとする招待状だと想像する。
2　感動しようという意識を常に持ち、いつでもその体験を共有できるように準備をしておく。
3　自分がもらった火花は必ず人に分け与える。
4　人が火花をとらえたがっていることをけっして疑わない。

「ノー」という言葉は、悪循環の世界では情熱に水を差す場合が多い。突きつけられた「ノー」は永遠に消えることのない障害物のように感じられ、攻撃するか、逃避するか、降伏するか、いずれにしても選択肢は限られてしまう。実際は現状の一面でしかないものが、鼻先で扉をばたんと閉められたように、行き場を失ってしまう。しかし、このような反応を個人に対するものと解釈せず、「規則その六」に従って大げさに考えないようにすれば、別の何かが声となって聞こえてくるかもしれない。

「この方法では可能性につながりそうにない。だからいつものやり方でやってみよう」と相手が考えているのが分かるかもしれないし、「ノー」という言葉の中に、自分を引きこもうとする誘いが聞こえてくるかもしれない。

ガソリンスタンド

ロズの話

四月のある朝、冬のあいだずっと使っていなかった自転車のほこりを払い、ボストン美術館に向かってペダルをこいでいました。チャールズ川を渡り、フェンウェイ球場の花咲く道を行くルート。けれどもボストン大学端でどうも走りにくいことに気づき、自転車を止めてタイヤを確認すると、前輪がほとんど平らになっていました。幸い、すぐ先の橋のたもとにガソリンスタンドがあって、道の反対側から空気入れが誘うように輝いていました。ところがいざ近づいてみると、空気入れを動かすには二十五セント硬貨が二枚必要だと分かったのです。気軽な気分で家から出てきたので、シャツのポケットに入っているのは折りたたんだ十ドル札一枚のみでした。

スタンドには男性がふたりいて、ひとりは給油ポンプのところに、もうひとりは暇そうに立っています。私は十ドル札を見せて近づきました。「空気入れを使いたいのですが、くずせませんか」と尋ねると、ふたりはそろって首を振りました。日曜でレジが空っぽなのだといいます。平らになったタイヤを見せ、二十五セント硬貨が二枚ないと空気入れが使えないと言っても、ふたりは首をふるばかり。今度は目をそらして下を向き、ポケットに手を入れて、のろまな熊のように足踏みをしています。

その場所には不満を抱いている人間が三人、役に立たない十ドル札、使用できない空気入れ、タイヤの空気がなくなって乗れない自転車があります。美術館に並ぶ数々の偉大なる芸術は、いまや手の届かないところにある。

「なんてもったいない！」と私は思いました。腹立たしくて、ばかばかしくて仕方ありませんでしたが、どうしようもない状況は変わりません。けれども、そう思った瞬間、視点が変わり、展望が開けました。私を妨げている障害物のように感じていた当のふたりもまた、私と同じように困っているのではないか。相手のポケットの中では、小銭がためらいがちに音を立てています。満たされない思いでいるのは、みんな同じでした。

開き直った私は、親しみを込めて、努めて明るく声をかけてみました。「すみませんが、二十五セント硬貨を二枚くれませんか」

私の前にいた男性たちは、古代の謎に遭遇したかのようにゆっくりと顔を上げ、その表情が生き生きと輝きはじめるのが見て取れました。「いいですよ」とポケットを探り、硬貨を持った手を差し出しました。すると奇跡のように、一瞬にしてすべてがうまく回りはじめたのです。硬貨、空気入れ、自転車、そしてその場の人間関係。

ただ、もうひとりの男性はまだ少し困惑したように立っています。けれども微笑んで「ボストン美術館への裏道を知りませんか」と尋ねると、言葉があふれ出す勢いで道順を説明してくれました。

筒のなかにあるガラスのかけらはまったく同じなのに、次々に違う模様を作り出す万華鏡のように、行き詰まっていた状況は一転して豊かなものになりました。私は考え方をわずかに変えたにすぎません。最初は、お金が足りない、取引は公正でなければならない、所有権は侵せないという、堅苦しい前提ばかりにこだわっていました。もちろん、うまく説得して硬貨をもらうやり方もあったでしょう。「本当に申し訳ありませんが、二十五セント硬貨を二枚、貸していただけませんか。必ず帰りに返しますから」と。しかしそれでは誰もその朝満足した気分を味わうことはできなかったと思います。それは私にしても同じこと。説得という行為は、他人に迷惑をかける場合であれ、そうでない場合であれ、欲しいものを手に入れるのに使われます。相手の求めるものが自分と同じだったり、相手にも何か利益があったりすれば、「共通の利益」が生じて説得はうまくいきます。けれども今回の場合、少なくとも尺度の世界の視点では、帰り道に私に会える以外、ふたりの男性には何も得るものがありませんでした。

その一方で、相手を引きこむ手法とは、可能性を生み出し、その火を相手の心に灯すことです。問題は二十五セント硬貨ではないのです。窮屈な枠組みから抜け出せずに、いい大人がたった五十セントで解決する問題にうまく対応できずにいる。その事実に気づいた私は、迷わず可能性の世界に足を踏み入れました。相手を引きこむことができる唯一の世界へ。傍目にはこの跳躍は簡単に見えるかもしれません。けれども、間違ってお釣りのない車線に入った車のうしろで、クラクションを鳴らしたり怒鳴ったりすることがいかに多いかを考えれば、納得できるでしょう。そんなときは単純に車から飛び降りて、料金箱に二十五セント硬貨を二枚入れてあげたら誰もがいい思いをするのです。「二十五セント硬貨を二枚くれませんか」と率直に頼むことによって、活気のある新たな世界が一瞬にして切り開かれました。そこは頼んだり、与えたり、もらったりすることがしごく簡単で、当たり前に行われる世界です。可能性には独特の音楽や動きや輝きがあり、スタンドの従業員は感覚的にその火花をとらえたに違いありません。すべてをうまくいかせる手段を持っていれば、誰もが喜びに満ちた日常を送れるでしょう。

「問題」校イーストリー

ベンの話

ロンドンのフィルハーモニア管弦楽団が演奏会の後援企業を探していたときのこと。私もそれに協力して、アーサー・アンダーセン（大手監査法人）に声をかけたのですが、すでに山ほど仕事を抱えていて、そのような企画に対応できる人手はいないといいます。私は一瞬にしてその返答を頭の中で解釈しました。つまり、相手はこの企画に可能性を感じなかった。そう、引きこまれなかったのだと。

次にロンドンを訪れたときです。到着した日の晩に、決定権を握る立場の人から偶然にも正式な食事に招かれた私は、今度こそチャンスだと思いました。しかし航空会社の手違いでスーツケースがオランダに取り残され、衣類はジーンズとスニーカーしかない。さすがにそれではということで、デパートのセルフリッジズに直行して正装をそろえました。

夕食の席で、アーサー・アンダーセンが協力する政府の計画の話になりました。教育省によって「問題」校に分類された学校を向上させようというのが活動の目的だといいます。教育にたずさわる人間として、私は日ごろから、貧困、無関心、さらには教師や家庭や行政のあきらめが、子どもの発達に大きな打撃を与えていると痛感していました。教育重視地区政策の一部であるニューハム計画は、九月に首相自身が参加してはじまる予定になっているらしい。自分の活動に支援を得られないかとやってきたのに、会食が終わるまでに私は相手の活動にすっかり引きこまれていました。計画の全体像も、すでにぼんやりと浮かびはじめています。

そこでは私が「問題」校に出向いて、生徒にクラシック音楽を紹介してはどうかという案も出ました。音楽という比喩を通せば、子どもも教師も効果的に自分の創造性を信じるようになるかもしれない。しかもアーサー・アンダーセンが費用を負担し、フィルハーモニアの全員を学校に送りこみ、ロイヤルフェスティバルホールでのフィルハーモニアの演奏会に生徒二百人を招待するといいます。それだけではありません。この活動に私が参加するにあたって、今回の演奏会の費用を全額負担してもいいということでした。

イーストリー学校はロンドンのドックランドでも特に治安の悪い地域にあって、生徒のほとんどは少数民族でした。学校の幹部との面会にはじめて訪れて知ったのですが、生徒は全員十五歳以下だそうです。十六歳で義務教育が終わるのが理由らしいのですが、病気を患っていたり、脳性麻痺や二分脊椎症など、深刻な先天性の障害を抱えていたり、車椅子の子どもも三十人いました。校長はマギー・モンゴメリーという根気強く活気にあふれた女性で、世界的に有名な指揮者を学校に迎える計画を熱烈に歓迎してくれました。

最初の講演の会場に関しては、体育館しかないということになりました。校長の話では、それまで全校生徒を一カ所に集めたことはないということでした。千百人全員を座らせるには一時間近くかかるし、騒ぎ立てて収集がつかなくなる可能性も高い。講演は二時間くらいだろうと説明すると、校長は驚きと困惑をあらわにしました。クラシック音楽は十五分が限度だという教師たちからの反応を予測したのでしょう。にもかかわらず、信頼してすべてをまかせてくれました。「どうか、できると思うことをしてください！」

講演の日には、子どもと教師以外にも、アーサー・アンダーセンの幹部と顧客が百人ほど加わり、千二百人以上の聴衆となりました。BBCの撮影班もテレビカメラと共に訪れています。全国の教育十四地区政策の幕開けでした。

ガーディアン紙は当日の朝刊に、「教育重視地区政策は失敗か」という厳しい見出しの記事を載せました。実際、二時間の講演のあいだ、そのとおりかもしれないという瞬間が何度もありました。教師たちは秩序を保とうと最善を尽くしていますが、すべて逆効果で、ますます興奮してうるさくなっているようでした。私自身、最後には疲れ切って、これは救いようがないと思ったのを覚えています。

「こんなところにフィルハーモニアを連れてくるわけにはいかない」と、がっくりしている私に向かって、BBCのプロデューサーが大きな声で言いました。「ベン、気落ちする理由などない。きみはたったいま、千百人の子どもを指揮して、ベートーベンの『歓喜の歌』をドイツ語で歌わせたじゃないか！　これは大成功だよ！」

講演のあと、生徒たちが英語の授業で書いた詩の束が校長から送られてくると、私が抱えていた不安はひとつ残らず一掃されました。私たちはフィルハーモニアのプログラムに、そのうちの一編を印刷して載せました。

ベンの力
ベンが来た。
みんなが笑って、ベンが弾いて、みんなが聴いた。
ベンは勝った！
学校が明るくなって、みんな自信たっぷりになった。
学校全体——七年生から十一年生——に興奮が走った。
モーツァルトからベートーベンまで。
きっとみんなは思うだろう。
ぼくらみたいなイーストエンドの人間に、
クラシックなんて分かるはずないと。
でも、ベンが黒いピアノを弾くと、
みんながわくわくして、学校中が元気になった。

ぼくたちにはいろんなことができるとベンは言った。
ベンは教えてくれた。優秀な学校でなくたって、
教育はとても大切だって。
頭のいい人だけじゃなく、どんな人にも。
ベンはものすごい力を与えてくれた。
ぼくと、イーストリー学校のみんなに力をくれた。
ありがとう、ベン。

カール・クリップス（十四歳）

子どもたちに宛てて書いた手紙は、校長が全員にコピーを配ってくれたそうです。

イーストリーのみんなへ
先日はみんなと一緒にとても楽しい時間を過ごすことができました。一カ月もしないうちにまた会えるのが楽しみです。
ニューハム計画の最初の日に新聞の見出しの話をしたのを覚えているかな？「教育重視地区

政策は失敗か」と大きな字で書いてありましたね。それは「悪循環」の考え方のいい例だと言ったのを覚えているかな？　そして次の日の新聞には、救いようのない状況だという内容の記事が載りました。アーサー・アンダーセンは学校を助けようとして資金を無駄にしていると。あの日会場に来ていた女性が書いた記事ですが、私たちのまわりはこのような「悪循環」だらけで、油断をすると自分もそういう考えになりがちです。

正直に言うと、私も最初はとても不安でした。けれども実際にやってみて、いまではまったく違います。全校生徒が体育館に集まったのははじめてです。みんなを体育館に入れた先生方の努力はたいしたものですし、みんなが進んで協力したからこそ、実現できたことです。始まるまでの長い時間、みんなは静かに座っていましたね。舞台の上で、へんなおじさんが二時間近くも動き回っているあいだ、歌って、笑って、聴いて、とても楽しそうにしていました。最後には、みんなでジャーメインに誕生日の歌を大声で歌って、ベートーベンの第九をドイツ語で歌って、ショパンの前奏曲についてみんなで考えて、モーツァルトのピアノの曲を真剣に聴きました。本当にこれはすごいことです！

完璧でしたか、と質問されれば「いいえ」です。これ以上ないほど静かでしたか、と質問されれば、これも「いいえ」です。私だって、ずっとみんなを退屈させずにいられたかは自信がありません。けれども、素晴らしい大きな一歩だったことには間違いありません！

もうすぐまたみんなと会えます。今度はオーケストラを全員連れていきますね。私が指揮をして、みんなに演奏を聴いてもらって、何が起こるか見てもらうのがいまから楽しみで仕方ありません。きっとみんな感動して、大喜びしてくれるでしょう！

オーケストラが演奏しているあいだ、どうしたら完全に静かにできるか、それぞれ事前に考えてみてくださいね。音楽家が最高の演奏ができて、みんなが楽しむために。みんなを行儀良くさせるのに先生方が通路を行ったり来たりせずにすめば最高ですね。先生方も音楽が大好きで、生の演奏を聴きたがっています。みんなと同じように、先生方も席に座って、ゆっくり音楽を楽しむことが聴くことができるといいですね。

またみんなと会って、音楽を体験し、音楽とはどんなものなのか、探検の末にあれこれ気づいてくれるのを楽しみにしています。そんな機会を作ってくれたアーサー・アンダーセンの人たちも、本当に素晴らしいと思います。そう思いませんか？　では、十月二十日に会いましょう。

それまでのあいだ、まわりのみんなに贈り物としてAをつけてあげてくださいね。

一九九八年九月二十一日　ベンジャミン・ザンダー

フィルハーモニアが声を重ねる

フィルハーモニアオーケストラの訪問が近づくと、アーサー・アンダーセンの担当者はいよいよ熱を入れて準備に取りかかりました。そのあいだ、私はボストンにいました。今回は千二百人以上の聴衆と八十人の楽団を収容できる新たな会場が必要になります。ようやく巨大な倉庫を見つけ、子どもたちを移動させるバスを四十台借りました。客席として使う椅子を入れ、舞台とテレビカメラ用の台を作り、照明と音響システムを設置しました。舞台の奥に七メートル以上の画面を入れて指揮者とオーケストラのやりとりが見えるようにしたいと願い出ると、さすがに唖然とされましたが。

費用はすでに当初の計画を大幅に上回っていて、二千ポンドの上乗せは不可能だといわれました。しかし、画面がなければ、企画の意味とおもしろさが半分失われてしまう。私は自分の負担で画面を設置することにし、撮影費用の一万ポンドをウエストミンスター銀行に支援してもらいました。

ふたたび会った私を、生徒たちは熱烈に迎えてくれました。どうやら最初の講演は失敗だったわけではないようです。楽団のメンバーには、興味や落ち着きのない生徒を予想していた者もいたものの、熱烈な歓迎を目の当たりにして、いったい前回の訪問で何をしたのかと本気で知りたがっていました。ただ単に子どもたちと音楽を楽しみたい、そう心から思っていたのが通じたのでしょう。子どもたちにはその気持ちに応える力がある、この企画に協力する意思があると、私は確信していました。

二時間の演奏では、劇的なベートーベンの「コリオラン序曲」、悲劇的な哀愁を帯びたチャイコフスキーの「ロミオとジュリエット」、生き生きとしたモーツァルトの「ディベルティメント二長調」を演奏しました。「ディベルティメント」はモーツァルトが会場にいる最年長の子どもと同じ年齢のときに書いた作品です。

七つの声

演奏会が最高潮に達したのは、ベートーベンの交響曲第五番のゆっくりした楽章を題材に、子どもたちと交流したときでした。まずはやさしく揺れるような伴奏部分、八小節をチェロに弾いてもらい、それから子どもたちに向き直って質問しました。「チェロの音が聞こえた人？」

もちろん、全員が手を挙げました。今度は同じ八小節にビオラに加わってもらう。リズムは同じですが、音は二音、「三度」上になる。ふたたび手を挙げてもらうと、やはりみんながふたつの「声」を聴きとれたことが分かりました。今度はチェロとビオラに加え、ファゴットとクラリネットの一オクターブ違いの短い音。やはりみんなの手が挙がりました。イーストリーの生徒にとって、四つの音を聴きとるのはさほど難しいことではないようです。

今度はコントラバスの憂いのある歌を重ねて、もう一度演奏しました。深々とした低い音なので、これもまた聴きとりやすい。あとは第二バイオリンと第一バイオリンのふたつの「声」。第二バイオリンが入ったところで、熱心に耳を澄ませる子どもたちに意見を求めました。「何だか音が大きすぎるみたい」

ひとりが自信に満ちた声で指摘すると、思いがけず十歳の子どもに指導を受けた団員たちは、みな微笑んでいました。

この六つの「声」のバランスが完全にとれた段階で、今度は第一バイオリンがとても大きな音で加わるよと事前にみんなに伝えました。「何しろ自分のことを重要な存在だと思っているからね！」

実際、第一バイオリンが入ると、これまで六つの「声」で入念に作りあげた透明感が濁り、子どもたちは口々に「良くなかった」と感想を述べました。そんな指摘に触発された第一バイオリンが、絶妙なバランスで装飾を加えると、驚くことに七つの「声」がくっきりと浮かび上がったのです。ひとつひとつが、ほかの「声」とのあいだで効果的な響きをもたらしています。巨大な倉庫の中、客席はしんと静まり返り、子どもたちは一心に耳を傾け、ベートーベンが伝えようとしていることを聞き漏らすまいとしていました。

私は最後にこう質問しました。「声が七つとも全部聴こえた人？」。すると少なくとも九百人の手が高く挙がります。いったい誰がこうなると予想したでしょうか。私は一面に挙がる手を前に思いました。スポンサーである企業、教師、子ども、政治家、撮影班、音楽家――全員がこの場に集まって力を合わせ、人間の精神の不屈を称えています。一緒に物事を成し遂げるという可能性に、全員が引きこまれ、集中し、一体となっています。まさに想像もしなかった展開でした。

アンソニー

交響曲第五番の最終章に来ると、何人かの子どもに指揮棒を渡して指揮を体験させることにしました。意気揚々とハ長調で始まる壮大な曲で、拍子がしっかりして単純なので、指揮者がいなくても演奏がしやすい。未経験の子どもが指揮棒を振っても、それほど乱れることはありません。

すぐに十一列目に活発な子がいるのに気がつきました。力強い曲のリズムに乗って全身を動かしています。最初にその子を指揮台に招いたのですが、ここまでのびのびと説得力のある指揮をするとは、席で無意識に反応していた姿からも想像できませんでした。団員それぞれの顔に浮かぶ驚きの表情からも、十歳の子どもに導かれ、さらには鼓舞され、演奏をするうえで力をもらっているのが見て取れます。一度もオーケストラを見たことがない子どもに潜んでいた能力に、その場にいる誰もが感動していました。

指揮台に立っていた一分半のあいだ、その男の子は力強い身振りと高揚した表情で芸術を体現していました。そして数分後にはまた普通の男の子に戻り、ほかの生徒たちが興奮して叫び、足を踏みならすのを前に、照れくさそうにはにかんでいました。幸い、地元のテレビ局が舞台の奥の画面にカメラを向け、この様子の一部始終を録画していました。ベートーベンの五番の最終章を指揮するアンソニーの雄姿は、その晩十時のニュースでイギリス全土に流れたのです。

ロイヤルフェスティバルホールにて

翌週の水曜日、イーストリーの生徒二百人は、それぞれとっておきの服を着て、少し早めにフェスティバルホールに到着しました。演奏前に話をして、続いて、今回の目的であるコンサートが開かれる流れになっています。アメリカのピザハットのマイケル・ローリングの好意によって、すでにピザが八十枚届けられていました。私は翌月、同社の経営陣に話をする予定になっていました。まずは全員で、先週の演奏の短い映像を観たところ、アンソニーはテレビ画面の中で指揮する自分の姿を、誇らしさと驚きの表情で見つめていました。

演奏前の話のためにホールに移ると、私は五十分かけて、ベートーベンの交響曲五番を私たちなりの解釈で演奏すると説明して、伝統となっている演奏と比較しました。ドン・キホーテの話を改めてしてから、シュトラウスのドン・キホーテをピアノで弾き、複雑で感動的な物語を作曲家がいかにうまく音楽で表現しているかを示しました。私の説明が終わると、「いまのがコンサートですか？」とアンソニーが教師に尋ねています。この企画のあらゆる側面が、アンソニーにとってははじめての経験なのだと、私は改めて思いました。

演奏会では、普通はコーラスがいる舞台奥の目立つ場所に、二百人の生徒が座りました。私たちの動きを間近で見られるようにとの配慮です。子どもたちがそわそわして、聴衆の気を散らすのではないか。たしかにそんな心配もありました。何しろ、演奏が始まるころにはホールに到着して二時間以上がたっています。ところが、結局それも取り越し苦労でした。子どもたちはまるでその場に釘付けになって、身動きもせず椅子に座っていました。ベートーベンの五番のあいだも、シュトラウスの長く難解な交響詩のあいだも、それは変わりませんでした。

もちろん、子どもたちの頭のなかで何が起きているのかは知りようがありません。怒られるのが怖くて天使のように振る舞っていたのかもしれないし、本当に心から音楽を聴いているのか、それとも単に聴かなければならない状況だからそうしているのか。私は金管楽器のうしろの高い台に座るアンソニーにちらりと目を向けました。交響曲第五番の最終楽章、暗闇で光がすべてを打ち破り、まばゆい日の光に輝く部分でした。それはまた、先日アンソニーが指揮をした部分でもあります。アンソニーはにっこりと微笑み、親指を立てるジェスチャーをして、ＯＫの合図までしてみせました。

考えてみれば、すべてはフィルハーモニアのたった一度の演奏会を後援してほしいという依頼をアーサー・アンダーセンに断られてからはじまったこと。最終的には、音楽の力を信じようというアーサー・アンダーセンの意欲が、子どもたちをはじめとして、企画にかかわったすべての人間に火花を届けたのです。子どもたちの人生にはさぞや多大な影響を与えられたに違いありません。

アーサー・アンダーセンのシニアパートナーであるグレアム・ウォーカーから、最終コンサートの直前に一通の手紙を受け取りました。

> ベンへ
>
> われわれの三部作にまだ重要な最終部が残っているのは分かっているが、いまこの時点で何か書いておきたいという気持ちで、手紙を送りたい。最終部では、きみの本拠地である劇場に戻ることになるのだし、最高のフィナーレになるのは確実だろう。

第一部と第二部は、本当に未知の領域で、どうなるかは想像もつかなかった。きみに参加を求めるなど、私自身、無茶なことをしたものだと思うが、それを引き受けたきみはそれ以上に無茶かもしれない。きみの熱意に煽られるようにして、分別ある音楽家が七十人、無茶な仲間に加わった。幸い、地元当局も校長もまた無茶で、ぜひともやろうと、これまたチームの一員となった。舞台が整い、賽は投げられ、昨日はわれわれ全員が、きみの創造性や感性のすべてを分かちあう結果となった。

心からお礼を言おう、ベン。ありがとう。これがきっかけとなって、可能性が広がり、イーストリーに暮らすわれわれの小さな仲間たちが今後どんな困難をも乗り越えられるよう、影ながら期待している。では、火曜日に。リハーサルがうまくいくように祈って。

グレアム

人間の生命の原動力は、自分ではない誰かと結びつき、表現し、意思の疎通を図りたいという情熱にほかならないのかもしれない。相手を引きこむとは、生命の原動力が働いて、火花が人から人へと伝わり、あらゆる方向に広がること。その火花は、ときに大きな炎になる。目に見えないほど小さな火花が、音もなくまるで魔法のように、人から人へと渡ることもある。いずれにしても、それが人生を彩るものとなることに間違いない。

手法10

ゲーム盤になろう

「分かったよ、五太郎！　悪いのはいつも他人よな！」

ルイス・キャロル『不思議の国のアリス』
（柳瀬尚紀訳、ちくま文庫）

現状をありのままに受けとめる方法では、なかなか可能性が見えてこない。怒りを感じるばかりで行きづまって、どんなに努力しても、人は動いてもくれないし、協力も妥協もしてくれない。それどころか、誠実な対応さえしてくれない。相手を引きこむ方法にしたところで、何の効果もなく、とにかく途方に暮れている——そんな場合は次の手法がある。いわば、可能性の修士課程だ。この手法では、自分をゲームが行われるゲーム盤だと見なす。たとえどんな状況にあっても、問題となっている要素を外の世界から自分の境界線の内側に移してみる。そうすることによって、世界を変えることができる。

例えば、こんな想像をしてみよう。赤信号できちんと停車している一台の車、すると後方から別の車が猛スピードで走ってきて、後部に激突する。なんと相手のドライバーは、酔っぱらいの無免許運転。この事故は誰の過失になるだろう。法律上は、疑問の余地はない。百パーセント飲酒運転をした者の過失になる。しかし本章では、責任についての別の考え方を紹介することにしよう。

新しい考え方では、責任は自分でとれるものだと認識する。他人に押しつけることはしないし、できない。単なる発想の転換だが、誰にも迷惑をかけずに自分で自分の力を強められる。

普通、私たちは「責任」というと、非難の余地があるかないかという問題に結びつけて考える。明らかに尺度の世界の考え方だ。何かがうまくいかなくて人を責めるとき、まずは自分は正しいという土台を固めようとする。その行為によって満足がもたらされ、いい気分になる。しかし、問題を他人のせいにする分、まさにその分だけ自分の力が弱まるという、興味深い現象が起きる。舵を取って方向転換したり、苦い経験から学んだり、より良い人間関係を築いたりするのに必要な力を失うことになる。他人のせいにしなければ自分の手元にあったはずの手段を。

しっかり法律を守って運転していた人の話に戻ろう。本章の「ゲーム盤の手法」では、ドライバーはたとえ病院のベッドにいても、過失と非難の世界で普通に考えるときよりも広い枠組みで事故をとらえる。そして彼女はこう考える。「運転というのは危険なものだわ。車に乗るたびに、危険にさらされることになる。ほかのドライバーは運転中起きていて、意識がはっきりして、法を守っていると考えるのが普通だけれど、そうでない可能性は常にある。うっかり眠ってしまったり、酒を飲んでいたり、急に発作か何かが起きたり、怒りにかられた若者が自暴自棄になっている可能性だってある。運転するときは、統計上で見ても、そのようなことが起こるリスクを負うということ。路上で起きることは、自分の認識と選択が及ぶ範囲内。今後はその事実を受け入れて運転していこう」

手法　第一段階

第一の段階ではこう宣言しよう。「私は自分の人生に起こるあらゆることの枠組みである」あるいはこれは、本書で紹介する手法の中で最も極端で、分かりにくいかもしれない。しかしその一方で、効果はきわめて高い。別の言い方をしてみよう。

「しかるべき抵抗をせずに現状を受けとめて効果的な行動をとることができなかったり、その扱いは不当だと思ったり、敗北者や犠牲者となったような気持ちになったりする場合は、自分の立てた仮定に問題の根源があると自分に言い聞かせよう」

この手法においては、これが正しい選択だとか、唯一の選択だとか限定はしない。飲酒運転をした相手にはちゃんと罪を償ってほしいと思うかもしれない。同情してもらいたい。仕返ししたいと思うかもしれない。それ以前に自分が抱いていた目的からしばらく離れてみるというのも、選択肢としては妥当かもしれない。しかし、「ゲーム盤の手法」を使えば、優雅で、潔い旅への可能性が押し開かれる。決定的な衝突事故が起こる前に選んでいた道に、回り道をせずにあっという間に戻ることができる。

たしかにこの世界は自分ではどうにもできないことが多すぎる。しかし自分がとるリスクを受け入れると、どんな状況にも賢く対応することができる。ミシシッピ川の川辺に家を建てたとしよう。川が氾濫すれば、甚大な被害を受けて、川をののしりたくかもしれない。一方、リスクを承知の上で家を建てたのに、自分は何も悪くないのに犠牲になったと主張するだけなら、自分で選んだゲームなのに潔くないと見なされることになる。「自分は絶対に正しい」と思うことによって、物事に効果的に対処する機会を失うことになる。多かれ少なかれ同情はしてもらえるかもしれないが、それと引き替えに心の平穏は失う。

法の世界では、過失と非難が重要な役割を果たす。法を守ったドライバーは、損害の解釈はどうあれ、相手に補償を要求する権利がある。しかし、ここで問題にしているのは可能性につなげることであり、勝利や補償ではない。自分の人生に起こるすべてのことに責任を持つという潔さがあれば、精神の健全が保たれ、改めて自由な選択ができるようになるだろう。

綱渡り

ベンの話

メンデルスゾーンのイタリア交響曲は楽しげに疾走するように始まり、二回転宙返りをして空中ブランコへ飛び移ります。管楽器が十一歩素早くステップを踏んだところで、バイオリンが最初の宙返りを力強く始めるのですが、あるコンサートで管楽器に指示を出している最中、バイオリン奏者のひとりがはつらつと弾きはじめたことがありました。管楽器はまだ五歩しか進んでいないのにです。

感服せずにはいられないような自信満々の弾き方でしたが、私たちは空中に取り残され、ブランコに手が届かない状態。指揮者になってはじめて、私は演奏を中断しました。それも千人以上の聴衆の前で。そして団員に微笑みかけ、自分に「素晴らしいぞ！」と言って、演奏し直した。今度は無事に最後まで完走したのは言うまでもありません。

演奏会が終わると、オーケストラの関係者に小声で聞かれました。「メンデルスゾーンで速く入ったのが誰なのか知りたいですか？」

それが悪意を含む質問だったにしろ、たったいま演奏を終えたばかりの勇壮な曲と正反対の不愉快な質問だったにしろ、私は気づくとこう答えていました。「いいや」

そしてこう付け加えました。「なぜならそれは私だからね」

もちろん、実際に私がバイオリンを弾いていたわけではない。しかし、偉大な音楽を演奏し終えたばかりだというのに人を非難するなんて、ばかげた行為に思えて仕方ありませんでした。早く入ったのが誰だか分かったところで、人間関係にヒビが入るにすぎません。その演奏者がイタリア交響曲で二度と早く入ることがないのは確かだし、今後はほかの楽曲でも同じような過ちは犯さないでしょう。指揮者である私自身、これからはこの十一音を特に慎重に振るようになるでしょうし、誰かを責めたところで、得るものは何もありません。いや、せっかく団結しているグループが揺らいで、それこそ多大なマイナスの要素になります。

それに、指揮台に上がっても毎回予想したとおりの演奏にならないことは、私自身がいちばんよく分かっています。覚悟してそんなリスクを取らなければ、素晴らしい演奏などあり得ません。
思い返せば、「なぜならそれは私だからね」という答えには、それ以上の意味がありました。自分のオーケストラで起こることはすべて進んで自ら責任をとると宣言したのです。実際、そうすることによって、自分がとてつもない力を得て、しかも自由になったように感じられます。

私たちにいちばんなじみのある責任と言えば、人と分担する形になるだろう。責任を分担することによって、生活の秩序を保ったり管理したりしやすくなる。例えば「私は子どものお昼を作るから、あなたは朝食を食べさせて」とか、「うちの小切手が不渡りになったのは私だけのせいではない。あなたも元帳にほかの小切手を記すのを忘れたじゃないか」とか、例を挙げればいくらでもある。業績を管理するのに、飴とムチを用いることも多い。業績が好調なときの年末のボーナスに対して、逆の場合の解雇の脅し。承認と却下のいずれも、強い動機となる。

共同体の一員としてうまくやっていきたいというそれぞれの個人的な願いを、うまく利用しているわけだ。各自が自分の役割を果たせば世の中は安泰という想定に基づいているので、物事がうまくいかなくなると当然、誰かが、あるいは何かが責められることになる。

比較的均質な社会には共通の価値観があり、全員が自分の役割を果たすことに熱心で、責任の分担は秩序を保つのに非常に役に立つ。もともと公平さを求める人間の本能に訴えるのだろう。一方で、多様な文化と幅広い要素からなる社会では、その効果にはどうしても限りがある。ほかの手段がことごとく失敗したときこそ、「ゲーム盤になる」という新しいゲームを引っ張り出せば、効果的な突破口となるに違いない。

チェス

チェスにたとえて、一般的な責任の考え方と新しい手法の違いを説明してみよう。

自分をゲームの一部に見立てるようにと言われたら、重要な存在である王、策略に富む騎士、地味なポーンなど、普通は盤上の駒を選ぶだろう。そしてひとつの駒として、目標に達すること、チームの一員として貢献すること、敵を倒す歯車になることを自らの任務と考える。自分自身を卓越した頭脳を持つ参謀、戦場で部隊の動きを統制する戦略家と見なす人もいるかもしれない。

しかし本書の手法では、自分を駒や戦略家ではなく、ゲーム盤そのもの、自分のまわりで起きている人生という枠組みに見立てる。注意してほしいのは、そう見立てるだけであって、実際にそうではないということ。太陽が昇ったり、人類が苦しんだりする原因が本当に自分にあるのだという幻想を抱けば、すぐに友人に救急車を呼ばれるか、でなければとりあえず「規則その六」の薬をたっぷり処方されるだろう。

自分をゲーム盤と見立てて、自分に起きることの枠組みとして自分をとらえ直すことの目的は、好ましくない状況での経験を好ましいものに変える力を得ることだ。またここで注意してほしいのは、問題にしているのは経験であり、状況そのものではないということ。もちろん、経験を変えて物事の見方が変われば、変化はほかにも次々と起きる。

自分を単なるひとつの駒、つまりはある役割を担わされた個人と考えているかぎり、自分の計画を妨げる動きに反応し、不平不満を口にし、抵抗することしかできない。しかしゲーム盤そのものであると考えれば、人生に起きてほしいことだけに注意を向けて、勝ったり、戦ったり、正したりという行為に無駄なエネルギーを注ぐ必要はなくなる。

優雅で潔いこのゲームでは、常に融合が求められる。それまで抵抗してきたものをひとつひとつ受け入れていくことによって、ゲーム盤としてあらゆる動きが行われる場を自ら作るのだ。騎士を捕獲したものの、ビショップが犠牲になる。安全運転と事故。みじめな子ども時代と両親の暮らし向き。自分の欲求と他人の拒絶。そんな矛盾めいた対立を含めた、ありとあらゆる展開が起きる場所。それがあなたの作るゲーム盤だ。なぜかって？　世の中はそんなもので満ちあふれている。それこそがこの世のありのままの姿だからにほかならない。

手法　第二段階

このゲームでは、さらにもう一歩進めて物事に対処する。そして好ましくない状況について、こう自問しよう。「私というゲーム盤でこれがどう起こったのか」、あるいは「私という前後関係の中でそれが起こったのはどういう意味があるのか」

するると、犠牲者のように感じる現状をもたらした利己的自己の明らかな影響、同時にそれほど明らかではない影響が見えてくる。そこには過去や、過去の決断も関係してくるだろう。じっくり考えれば、もつれた人間関係の意図を解いて結び直す謝罪の言葉が、自然と口を突いて出てくるかもしれない。そうすれば改めてまた、可能性の世界に自由に、力強く立つことができるだろう。

信号でちゃんと停まって待っていて、後方から飲酒運転の車に衝突された場合、まずはしかるべき治療を受け、動揺と怒りが収まった時点でこう考える。「私というゲーム盤でこの事件がどう起こったのか？」

この手法でゲーム盤のゲームをするときは、「どうして私なの？」とか、「この野郎！」とか、「おかげで夏を台なしにされた！」とか、「もう二度とボストンで運転するものか！」とかいう表現は一切使わない。冷静に思考を働かせて、「私の車が事故でめちゃめちゃになったのは、私の車だからという理由ではない。統計的に考えれば、一定の確率で誰かがあそこで信号待ちをしていたことになる」と思う。

そして実際に飲酒運転の統計を調べ、常習犯が多い事実を知って、法律にいろいろ抜け穴があることにも気づき、その欠点を指摘して穴を埋めれば、自分が経験したような事故の確率が低下し、今後ほかの人の役に立つ建設的な論理の展開をする。事故の前にこうした事実を知らなかったことも、自分というゲーム盤で事故が起こった重要な背景の一部として、きちんと受けとめる。あるいはそこまで徹底して分析せずとも、もっと単純に、車に乗るたびに一定のリスクを負うことを意識し、その事実を受け入れるようになるかもしれない。

ゲーム盤になることは、自分に非難の矛先を向けるのとは違う。「法の抜け穴にもっと注意すべきだった」とか、「信号待ちで停まっている最中にうしろを確認しなかった自分の過失だ」とか、「結局は自分で招いた事故だ」とか、そのような考え方はしない。これらは次に出てくる、過失と非難を割り当てる別のゲームで使われる感情にすぎない。

「支配力を得ること」対「変化をもたらすこと」

尺度の世界では、「頼れるのは自分だけ」という幻想の中で生きているために、支配力の必要性が過剰に求められる。したがって間違いが起き、ボートが本来の進路をそれると、即座に責任を割り当てることで支配力を取り戻そうとする。「非難ゲーム」における「すべき」や「するのが当然」という表現は、すでに起きたことを含めて、失敗を制御できるという幻想を抱かせるものであり、これもまた言葉による幻想の効果ということになる。そもそも失敗した状況を変えたり、制御したりするのは不可能だ。それはすでに起きたことであり、起きなかったことにはけっしてできない。

ゲーム盤になる手法では、より良い変化をもたらすことが鍵となる。例えば上司にいい提案をし、必要な警告をしたのに、その上司が次々と過ちを犯したとしよう。あなたはこう思うかもしれない。

「人の話など何も聞いていない。部下である自分と張りあって、あげくに保身しか考えていない」。そんな気持ちは、生きているあいだに真剣に話を受け止めてもらえない予言者や、崩壊するトロイの塔を見守るカッサンドラのようなむなしいものでしかない。こんなときこそ、ゲーム盤の手法を使うと、状況を改善し、より良い変化をもたらすことができる。ゲームの進め具合は以下のとおりだ。

第一に、「上司が話を聞いてくれない状況が、自分という盤上でどう起こったのか」、それを自問する。するとすぐに「話を聞いてくれない」が抽象的な幻想に膨らんで、いつのまにか別の意味が加わっていることに気づく。「上司が私の話を聞きたがらないのは、まぎれもなく大人げなく自分と張りあっているからで、なんて偏狭な男なのだ」「いままで何度も同じ経験をしてきたからそんなことは十分に想像ができる」

その時点で今度は、「自分の作った筋書きから余分な要素を取り除いたら、現状をどう描写するか」と考える。そのときは抽象的な幻想ではなく、あくまでも事実のみを語るように注意する。例えばこうだ。「上司には自分の考えを伝えた。上司は助言を受け入れなかった」

思考がここまで来れば、自分の力になる結論を導き、反対される恐れもなくこう断言できる。「上司が私の助言を受け入れなかったのは、その提案に魅力を感じなかったからだ。可能性の火を灯せるか否かは私次第。より良い変化をもたらしたいなら、上司が引きこまれるような意味のある持ちかけ方をするほうが賢明だ。相手の考えていること、そして固有の考え方をもっと踏まえたうえで」

過失ゲームでは「すべきだった」という表現が普通であるのに対し、自分がゲーム盤になると謝罪の言葉が自然と出てくるようになる。「この問題は自分というゲーム盤にどう起こったか」と自問をくり返していると、自分自身が支配力や心の平静を得るために人間関係を犠牲にしたことが、ある時点で分かるようになる。

上司が助言を聞き入れなかったせいで沈黙の戦いに入った。娘を動揺させたくなかったからあえて事実を言わなかった。古くからの友だちにとって自分がどんなに大切な存在かということを意識していなかったなどだ。いずれの例でも、人間関係はある時点で崩れたか、もしくは崩れようとしている。いったんもつれてしまうと、できることは限られてくる。そんな場合に、謝罪はいわば「軟膏」の役目を果たしてしばしば状況を改善する。

しかし過失と非難のゲームでは、分担された責任に応じて自分が間違っていると思わなければ、真の意味で心から謝ることはできない。チェスで、斜め五マス目の敵を捕らえられなかったことをポーンがビショップにあやまるのはばかげている。そもそもそんな動きはルールで禁じられている。しかし、自分をポーンでなくゲーム盤そのものと考えれば、ビショップに向かって簡単にこう言える。「どうやらルールを詳しく知らないようですね。私がきちんと説明しなかったのにも問題があるのでしょう。本当にすみません」

過失ゲームでは行動、つまり「自分や人がしたこと」、あるいは「しなかったこと」に注意が向けられる。一方、自分をゲーム盤そのものと考える場合は、「人間関係の亀裂を修復すること」に注意が向けられる。だからこそ謝罪の言葉が自然と出てくるのだ。

あなたはこう尋ねるかもしれない。「どうしてそれほど人間関係を重視しなければならないのか。人間関係のおかげで、いつも足を引っ張られている。つべこべ言わずにするべきことをしなければならないときもあるし、ほかの人もそういうことを分かるべきだと思うのだけど？」

しかし、この社会にはそれを分かっている人もいれば、分かっていない人も大勢いる。短期的な成果を上げる必要がある場合には、相手を引きこんで何とかなる場合もあるだろう。しかし、長期的な人間関係に無頓着でいると、全体の「テンポ」が遅くなって、時間のかかる問題にぶつかる。

コーラと長期的な人間関係

ベンの話

地域やセミプロの楽団が演奏会に備えて練習をする場合、はじめは本番が地平線の彼方の光ように先のことなので、団員は気軽に練習を欠席します。団員たちは学校、仕事、休暇、出張、あるいはよその演奏など、いろいろ両立させているので、それも理解できないわけではありません。ところが一転、リハーサルも最終段階に入ると、練習はより深刻な雰囲気になります。

ボストンフィルハーモニー管弦楽団は音楽会で特殊な地位を占めているおかげで、特にこの傾向が顕著に表れます。地域のオーケストラとしての基本的な立場を維持し、練習の日程も長く綿密なスケジュールを組む一方で、注目度や質の高い実況録音と演奏で定評を得ています。報酬をもらい、練習への出席を毎回求められるプロのオーケストラと比べても、まったく引けを取りません。そんなもろもろもあって、演奏会が近づくにつれて重圧は一気に高まります。メジャーリーグでの試合を控えたアマチュア野球チームのように。

ストラヴィンスキーのバレエ曲「ペトルーシュカ」の演奏会が近づくなか、私は木曜日の夜の練習が始まる前から不安でした。「ペトルーシュカ」は、オーケストラにとっても指揮者にとっても技術的な要求が高い楽曲です。それに加えて、週末の演奏会では実況録音が行われます。ボストンフィルハーモニー管弦楽団の「春の祭典」のCDは、その高い水準を賞賛され、今回の録音はそのCDとセットで発売されることになっています。今回の「ペトルーシュカ」の演奏を人知れず終わらせるわけにはいかない状況でした。

すでにビオラの学生三人が、ボストン大学交響楽団の演奏にでなければならないという理由で、練習を休むことになっていました。午後には四人目が電話で欠席すると伝えてきました。ビオラは五人しか残っておらず、ほかの楽器と何とか均衡がとれる最低限の人数でした。

七時近く、副主席奏者のコーラの姿もないことに気づきました。「今夜は彼女、室内音楽の特別指導があったんじゃないかしら」と誰かが言い、私はついに逆上しました。ビオラがもうひとり減るだけではない。コーラは人事の担当者にも私にも連絡しなかったので、スケジュールを調整して自身が出席するか、代理の出席者を探すか、どちらかにしてくれと説得することもできなかったのです。

とりあえず練習を始めるものの、そのうちコーラが現れるのではと、何度もドアのほうに顔を向ける始末。こんなに大切な練習に来ないなんて信じられませんでした。休憩に入るなり、音楽院の校内を走り回って、三階の教室でようやく彼女を見つけました。学生ふたりとなごやかに話をしています。ずかずか入っていき、こう言いました。いや、叫んでいたかもしれません。「コーラ、いま練習中なのを知らないのか？」

コーラは冷静に返事をしました。「今晩は出られないとリサに伝えてありますが」

私はさらに頭に血が上るのを感じました。人事の担当者や私ではなく、ビオラの仲間に伝えたところでどうなるというのだ。だいたい平然としていられる態度が気に食わない。「本番直前の最後のリハーサルにビオラが四人だけでは、今週末の『ペトルーシュカ』はとうてい無理だ。せめて後半だけでも出てくれ！」

「申し訳ありませんが」とコーラは言いました。「今夜は特別指導がありますから」

部屋のなかを見回しても指導者はいませんし、学生たちは楽器をケースから出してもいません。「私には特別指導には見えないがね！」私は皮肉たっぷりに捨て台詞を吐き、教室をあとにしました。恥ずかしながら、「規則その六」のことは完全に失念していたのです。

コーラは練習が終わったあとに姿を見せ、冷ややかな声で言いました。「オーケストラをやめることにしました。あんなふうに侮辱されて我慢するつもりはありません」

どさりと押しつけられた新たな問題に、私はいらだちをあらわにしました。「コーラ、ばかなことは言わないでくれ。私は侮辱などしていない。今回のストラヴィンスキーで相当の重圧を感じているんだ。欠席者もやけに多くてな」

コーラはがんとして譲りませんでした。「私にはどうすることもできません。それは先生の問題ですから」。そう言い残して出ていった。

私は心底がっくりしました。二番目に優秀なビオラ奏者がやめ、新しく代理を見つける時間もありません。きわめて重要な録音とコンサートを前に、ビオラがたった八人に減ってしまうなんて。頭の中でくり返し考えました。この状況で自分に何ができるだろう。どんな選択肢があるだろう。

ひとりで行き詰まったときによくそうするように、私はロズに助け船を求めました。

「今回のコンサートのためにどうしてもコーラに戻ってきてもらわなければならないなら、選択の余地はほとんどないわね。その場合は戻ってくるように説得することになるでしょうけど、説得に関してはあなたは達人だし、私の助言はいらないはずよ。激怒していてちょっと仕返しをしたい気分なら、今回のコンサートだけ戻ってきてもらって、そのあとでやめさせるという方法もある」

ロズはこちらの出方を試すように微笑みましたが、私には冗談につきあう余裕はありませんでした。ロズは言葉を続けます。「その一方で、コーラがいなくてもかまわないと考えられるなら、選択肢はぐんと広がるわ。コーラなしで演奏会に臨んでもいいと腹をくくったらまた教えて。そのときにじっくり話しあいましょう」

はじめは怒りしか感じませんでした。「なぜコーラなしで演奏しなければならないんだ！」

そして今度は動揺。「代理を見つけてストラヴィンスキーを弾かせるなんて無理だ。本番まで二日しかない」

しばらくして、別の筋書きから物事を考えてみました。ビオラは八人、全員演奏会に出たいと心から思っていて、練習にも心から打ちこんでいる。たとえ有能な演奏家でも、不機嫌な表情で演奏に加わって、曲の流れを妨げられるよりは良いのではないか。

何が何でもコーラに戻ってほしいという執着心が消えると、改めてロズの助言を参考にする気になりました。「どうしてもコーラが必要だとは思わなくなったよ。無理やり説得したり、圧力をかけたりして戻ってきてもらっても仕方ない。でだ、その場合は選択してどんなものがあるだろう」

するとロズは言いました。「人生に起こることのすべての責任は自分でとることができる。自分が抱えている問題の原因は必ず、自分自身の中に見つかる」

「そんなのばかげてるよ！」私は思わず声を上げた。「私にはコーラの退団を止めることはできなかった。いずれにしろ、考えることがあまりに多すぎて、団員全員の行動の責任なんてとれやしない。演奏会の準備だってある……」

「ちょっと待って。コーラではなく自分を責めろと言っているわけではないわ。要は考え方の問題よ。責めることとはまったく関係ないの」そしてロズはその違いを説明してくれました。

まったく新しい可能性が見えた私は、机に向かって手紙を書きはじめました。コーラは金曜日の授業を受けているので、Aをつけて翌九年五月の日付で手紙を書くことの意味は知っているはずです。

そこで私はこう書きました。

十月六日
コーラへ
金曜日の授業で、その年に自分がAをもらう理由を説明する手紙をみんなに書いてもらいましたが、私自身、同じような手紙を書くことにしました。次がその手紙です。

五月十八日
コーラへ
私がAをとったのは、人が思いどおりに動いてくれないときに激しく非難する悪循環をようやく断ち切ったからです。自分以外の人間に腹を立てたり、嫌味な態度をとったりするのは、相手を徹底的に打ちのめすようなもので、その関係はけっして元どおりには回復しないのだと理解しました。
自分が求めるものと他人が求めるものが必ずしも同じとはかぎらない。その事実を「悟る」のは容易ではありませんでした。例えば重要で、しかも難しい演奏会の準備をしている最中、団員が練習に来なかったり、遅刻したりすると、私はいつも失望や怒りを感じていました。団員も私と同じくらい演奏会に向けた日々の練習を大切に思い、ほかにどんな用事があろうと練習に出席すべきだと思ったからです。しかし、契約で決められた報酬で演奏する職業オーケストラでない場合、団員はほかにもいろいろ活動をしていて、優先順位が私と同じわけではないのだと痛感しました。

みんな自分がやりたいようにする。練習に来ることもあれば、来ないこともある。団員それぞれの意思を尊重しなければならないことも、これをきっかけに分かりました。団員の意思が十分に伝わってこない場合は、いまではていねいにお願いしています。「事前に状況が把握できるように、今後はボイスメールに伝言を入れるか、直接人事の担当者に伝えるかしてほしい」と。

ボストンフィルハーモニー管弦楽団を指揮するのはこの上ない名誉であると同時に、そこにはある程度のリスクが伴います。例えば、重要な練習に全員がそろうとは限らない。すべての椅子がうまるよう最善を尽くすつもりですが、必ずしもそうなるとは限らないという事実を進んで受け入れるつもりです。

仲間、演奏者、学生、友人との関係は、共に取り組む活動そのものよりも大切で、活動が成功するかどうかは、それらの関係がうまくいくように相手を思いやる気持ちにかかっているということが、ようやく分かりました。

さらには、私の侮辱的な態度を受け入れずに立ち向かってくる人は、真の意味での味方であるということも教えられました。恐怖からであれ、あきらめからであれ、何も考えずにそれを受け入れる人よりも、真剣に物事に取り組んでいるのだと。

今回に気づきによって、私は以前よりも幸せになり、周囲の人も幸せになりました。演奏さえもよくなりました。したがって、Ａという評価は当然だと心から思います。

どうもありがとう、コーラ。きみの勇気のおかげで、私はこの気づきにいたることができました。しばらく前から気づいていたことなのかもしれないけれど、昨夜、本当の意味で分かったのです。説得したり、丸めこんだり、脅したりあり、買収したり、あるいは誘惑して戻ってきてもらうよりも、この経験によるこの成長のほうがうんと大事であることを。きみのことは心から尊敬し、感謝しています。きみがいなくなって、きっとみんな寂しがるでしょう。

きみの成功を心から祈って　ベンより

この話をすると、決まってふたつの質問が返ってきます。最初の質問は言うまでもなく「コーラはその手紙をもらってどうしたか」。つまりは「きみの戦略は功を奏したか」という意味の質問でしょう。理想的には自分の思いどおりになって、しかも人間関係が改善されるのがいちばんだからです。どちらかを選ぶのは、できればしたくありません。結局、コーラはビオラの席に戻ってきて、私も大満足した、というのが答えです。さらに、コーラと私の絆はより強くなり、これからも一緒にやっていこうという思いを互いに抱いています。これまでは時間と演奏者が不足する問題で注意力も散漫になりがちでしたが、いまではすっかり考え方が変わって楽になりました。不足の危機のような状況は、さまざまなオーケストラで絶えず起きますが、自分の思いどおりにならずいらだちの亡霊が現れると、すぐにその存在に気づいて、コーラとの一件を思い出せるようになりました。一度新たな視点を身につけると、それは一生のものになります。

決まって返ってくるもうひとつの質問は、「その謝罪はある種の操作であり、コーラを自分の思いどおりにする別の戦略にすぎないのではないか」というものです。それに対しては、あるいはそうかもしれないと答える以外ありません。

実際、ゲーム盤上では、どんな行為にしろ、そのほとんどは戦略や作戦と考えられます。一方で、そのときの自分の感情、心の軽さ、充足感、結果にはまったく執着していなかった事実を考えると、戦略や作戦などではけっしてなかったとも断言できます。

チェスでポーンが白と黒のほかの駒の動きに応じて動くように、過失ゲームの人生では、他人の行動、能力、意思、そして気まぐれに左右されることになる。すべては他人次第という意識から恐怖心が起こり、人間関係にくり返し亀裂が生じ、それが原因になって人生に障壁や問題が現れる。

日常生活で何か悪いことが起きると、人間は罪悪感、非難、後悔、無力感、あきらめ、不公平感、正義感、怒りなど、あらゆる反応を示す。しかしこうした反応は、実はそれぞれ遠回りの道につながっていて、人生の本流と呼ぶべきものからそれて、支流や渦巻きにのまれてしまう。

双方がゲーム盤になる手法を使って、相手に何も求めなければどうなるか、それぞれの視点から見てみることにしよう。

百パーセントの人間がふたりで完全になる

ある男が妻の浮気を知る。そしてその事実に、また妻が嘘をついたことに打ちのめされる。痛みの中、夫は引きこもり、はらわたを煮えくり返し、非難し、人生の伴侶の選択を誤ったのだろうかと改めて考える。……妻は変わってしまった。自分の知っている女性とは違う。

何もかもが変わってしまったように感じられる。夫は渦の中で新しい現実と折りあい、妻だった新しい女性に慣れ、どうしたものか考えあぐねる。妻は嘘つきで、性根の悪い人間で、自分の知らない人間になった。そんな状況で、話しあう価値のある相手として扱うべきか、敵にしておくべきかを必死に考える。友人を味方につけるものの、物事は先に進むばかりで、時間だけが過ぎていく。

ゲーム盤になる手法を採用するとすれば、最初にこう自問するだろう。「自分というゲーム盤にこれがどう起こったのだろう?」

そして忍耐と共にゲームを続け、過失ゲームに逆戻りしなければ、自分の力を強める新しい何かを見出すだろう。長い視野に身を置いて深く状況を見れば、理解と、そう、思いやりを持って語れるようになり、新しい世界が開けるに違いない。

例えばこんなふうに……。

そもそもこんなことが起こるはずではなかった。妻には、裏切りは許せないと機会があるごとに伝えてきたし、ふたりとも誠実さが自分たちの関係の土台だという意見で一致していた。

しかし、と夫は自問する。なぜそれが起こる前から「裏切り」を問題にしていたのだろう。なぜ自分はそこまでこだわる必要があったのか。そして夫は、これまでに経験したいくつもの小さな裏切りについて考える。絶対にいやだと叫んでいるのに、結局母親に幼稚園に置いていかれたときの記憶にまでさかのぼる。

実際、はじめに妻に惹かれた理由のひとつは、自分に反対したり、裏切ったりしそうにないように思えたからだったと思い出す。妻は世話好きで、こちらの要求を敏感に読み取ってくれた。自分は彼女を百パーセント信頼していた。

たしかにときどきけんかもしたが、けんかなどどんな夫婦でもするだろうと思っていた。しかしけんかになるたびに、妻は自分の仕事を評価してくれないと訴えてきた。たしかにそのとおりだった。自分は妻のマーケティングの仕事にさほど関心を持っていなかった。それでもなるべく話を聞くようにはしていたし、ロースクールに行きたいという妻の希望は、自分の事業ローンの返済が終わるまでは現実的ではないという意見で合意していたと思っていた。現に、将来的には喜んで検討すると言い、ちゃんと妻の面倒を見て支えになる理想の夫だと自負してきた。

ここまで考えて、夫は妻の自立につながる体験や要望をことごとく却下してきたことに気づく。自分はこう想定していたのだ。

●自立した強い女性は裏切る。

●妻はそういう女性ではない。

この場合、妻にとって大切なことを無視した結果、夫が妻を浮気に追いこんだのだろうか？　すべてが「夫の責任」なのだろうか？　それは明らかに違うし、そもそもそれは私たちがしようとしているゲームではない。では、この問いはどうだろう。夫婦の関係に亀裂が入った責任を夫はすべて自分で負えるだろうか？　もちろん、負える。

同じ話を妻の視点から見るとどうだろうか。妻がゲーム盤の手法を選択したとして考えてみよう。まず彼女は、自分を真剣に受け止めてくれなかったことや関心を寄せてくれなかったことについて夫を責め、自分の言動を正当化するのではなく、こう自問する。「私というゲーム盤で、絶対にしないと約束し、実際しないと心から信じていた行為がどう起きたのか」

彼女は、相手に合わせてしまう性格と、自立心のバランスとをとるのが難しかったと認めることから始めるかもしれない。人格を形成するうえでとても大切な子ども時代は、罪悪感でいっぱいだった。身勝手で自分に頼ってくるばかりの母親に、誠実にして献身的な愛情を示せたときだけ、私は自分の人生を自由に生きられるように感じていた。そして常にこういう前提で生きてきたのだ。

●愛情があれば相手の自立を支援するのが当然だ。

結婚生活がうまくいかなくなることを案じた夫がロースクール行きに反対したのも一理あるかもしれない。彼女はそんな考え方ができなかった自分に気づく。夫の反対を自分のことしか考えていないとしか解釈できず、結局はそこから逃げだす以外に道はなくなってしまった。夫に尽くすか逃げだすか、板挟みになって、真の夫婦関係を築く余地がほとんどなかったことをいまになって思い知る。

では結婚生活の問題はすべて「自分の責任」だと彼女は感じるべきなのだろうか？　答えはノーだ。これはそのようなゲームではない。その一方で、夫婦関係に亀裂が入った責任をすべて自分で負えるだろうか？　これに関しては、もちろん負える。夫の場合と同じように。

この状況でふたりは何ができるだろう。妻はこう考えられる。「夫が私を愛しているのは間違いない。私には夫に謝る義務がある。夫と母はまったく違うのだ」そして夫はこう考えられる。「よくよく考えてみれば、五歳児のように妻にまとわりついて、ふたりの関係が成長し、変化することを認めないのはばかげている。自分は不当に妻を締めつけていた。まずは謝って、お互いのあいだに築くべきものが残っているかどうかを見てみよう」

そしてふたりはそこに新しい定義を見出す。

●愛情とは、自分で決める権利でもなければ、犠牲になることでもない。双方が求める人生を共に築く関係だ。

●強さと自立は人間関係を高める。

ゲーム盤の手法では、相手がその人自身の思いこみを改めて考える気になるかどうかは問題ではない。行く手にある「障害」は相手のものではなく、自分の一部であり、ほかでもない自分にしか取り除けない。また、この手法を使うようになれば、「公正」や「正義」に固執してそれを求めるのをやめ、親密な人間関係から得られる豊かさを選ぶようになるだろう。

ゲーム盤になると、まず人を妨げない。自分をあらゆる人間関係をより良いものにする道具と見なすのだから、それも当然だ。

想像してみよう。部下とのあいだに起きる問題を自分の問題としてとらえる人間だと思ってもらえば、部下にどれだけ信頼されるだろう。道を開き、最後までやり遂げる人間だと信頼されれば、相手にどれだけ協力する動機を与えられるだろう。

この手法によって、私たちは高く舞い上がる旅を始め、変化と成長が促される。対立を回避しようと人間関係を丸く収め、制御しようとするのとは、まったく違う道だ。それには勇気と思いやりが求められる。人の話に耳を傾けるだけでは、思いやりは生まれない。自分の内にあるやさしさを妨げるものを取り除き、思い切って扉を開こう。そうすれば、自尊心、活気あふれる最も深いつながり、より良い変化に向かうまっすぐな道が確実に手に入るだろう。

手法11

可能性を開く枠組みを作る

一九六三年八月の暑い日、キング牧師はワシントンDCのモールに集まった群衆に向けて、かの有名な「私には夢がある」の演説をした。

牧師の言葉を聞きに来た数千人だけに語りかけていたわけではない。あらゆる人の心の奥にある欲求を呼び覚まそうとしていたのだ。加害者と被害者、白人と黒人、こちら側の人とあちら側の人。キング牧師の未来像は人間の根源的なものに語りかけていた。精神を高揚させる重要なテーマを提示して、路上を寝床にする家のない人、郊外に住む恵まれた人、事務所にいる政治家を結びつけていた。夢を持てば世界を変えられる。それを身をもって、魂の叫びとして、みなに示していた。

私たちはアメリカの夢を完全に実現しようとしているだけだ。まだ実現していない夢を。平等な機会が与えられ、権利と富が広く配分される夢。もう肌の色で人間性が決まると論じる人のいない国の夢、誰もが人間の尊厳と価値を重んじる国の夢。

一九六二年七月十九日　　マーティン・ルーサー・キング牧師

そしてキング牧師はこの理念の本質を活動と生き方で示し続けた。

現代のリーダーが直面する最大の課題は、自信を持って豊かな可能性の宇宙に立つという姿勢を明確に保てるかどうかにあるだろう。どんなに競争が激しくとも、短期の目標を達成する必要性が高くとも、どんなに人々が恐れていても、戸口で狼が吠えているような切迫した状況でも、揺るがない精神力。可能性に輝く世界と悪循環を見分ける勇気と忍耐こそ、困難に直面したときに求められる。

人間という種は、資源の乏しい脅威に満ちた環境で生きるのに見事に適応している。しかし、常に調和、平安、豊かさを享受できるとは限らない。人間の認識の仕組みは、どんな場合でも本当の危険と想像上の危険を警告するようになっている。

それでも、目に見える世界が危険に満ちているという思いこみを乗り越える力も、人間は持ちあわせている。私たちはいつでも扉を開き、すべてが健全な世界へ移行することができる。その世界では驚異的な創造力が満ちあふれ、人と人が目に見えない糸でしっかりつながっている。

リーダーシップとは、人や世界にこの可能性をもたらす人間関係を作ることであり、どの席にいても、どの役割にあっても、力を発揮できる。このリーダーは、必ずしも群れでいちばん強い人間である必要はない。敵をかわし、資源を手に入れるには強い人間が最適で、実際、従来のリーダーはそう定義される場合が多かった。その一方で、「可能性のリーダー」は脅威に直面したとき、人と人との協力的なつながりや思いやりを強める。

このリーダーシップの鍵は、その気になれば誰でも発揮できるという点だ。最高経営責任者や従業員、市民や選挙で選ばれた公務員、教師や生徒、友人や恋人、どんな立場にあっても。

新しいリーダーは声を大にして言う。人々を分け隔てるのは恐怖と不足の枠組みであって、不足そのものではない。たとえ不足するものがあっても、それを創造する状況はいくらでも作り出せる。私たちはすでに自分たちが夢見た国に生きている。新しいリーダーは恐怖ではなく情熱をかき立て、人間は可能性という世界の建築家であることを忍耐強く示し続ける。

しかし、悪循環の重力は非常に強い。そんな環境に生きている私たちが、可能性を生み出し、翼を広げて舞い上がるにはどうすればいいのだろう。

可能性を開く枠組みを作る——練習

本章で紹介する手法の要旨は、可能性が開く枠組みを作り、それを維持することにある。意味を再構築し、未来像を創造し、可能性が語られる世界、つまりは可能性の浮力が悪循環の重力を上回る世界を作ることにある。

可能性を開く手順を以下に挙げる。

1　可能性が開ける世界を想定し、物事を定義し直す。そのときは、悪循環を生み出す既存の枠組みに代わる、力強い定義にする。

2　自分で創造した世界に足を踏み入れる。新しい定義を具体的に表現し、自分のまわりの人々の生きる枠組みになるようにする。

3　可能性が開ける枠組みにおいて、何が「本道」で何が「脇道」なのかを常に判断する。

ここで多様な違いを受け入れて、それらと共に生きる枠組みを作ったリーダーの話を紹介しよう。彼女は見事にこの世界に足を踏み入れている。

子どもたちのために新しく書き直された話

二年生の女の子が白血病の化学療法を受けた。学校に戻ったとき、女の子は髪がすべて抜けたことを隠すためにスカーフをつけていた。けれどもスカーフを取ったいたずらっ子がいて、子どもたちはどっと笑い、女の子をからかった。屈辱を感じた女の子はその日の午後、学校へは行きたくないと母親に言った。それでも母親は何とか励ましの言葉をかけた。「ほかの子もそのうち慣れるわよ。それに、髪だってすぐに伸びるもの」

翌朝、教師が教室に入ってきたとき、子どもたちは全員着席していた。髪がないことをまだくすくす笑っている子もいて、女の子は席で小さくなっていた。「みんな、おはよう」。教師がいつものように温かく微笑み、あいさつをした。そして上着とスカーフを取った。頭はすっかり剃ってあった。

それからというもの、子どもたちはみんなせっつくように髪を切ってと親に言った。そして、誰かが髪を短くして登校するたびに、みんなで楽しく笑った。もちろん、そこには恐れは何もない。ひとりひとりがゲームを楽しんで笑っている。そしてみんなの髪はまた伸びて同じころに元に戻った。

自分のクラスで起こっていた分断を食いとめた教師は女の子の見慣れない姿の意味をとらえ直し、その子を「怖いよそ者」というイメージから解放した。髪がないことを、可能性としてとらえたのだ。あるいはおしゃれの一環、選択肢、ゲーム、団結や結びつきを強める機会として。誰も悪者にはならなかったし、正すべきことも何ひとつなかった。怖い想像の産物よりも新しい世界のとらえ方のほうが、子どもたちの目には魅力的に映ったのだ。子どもたちからすれば、いきなり広々とした遊び場を与えられた気分だっただろう。

可能性の世界では、思考と行動、心と体、夢と現実を隔てるものはない。ヴィジョンを実現するリーダーは、平凡な私たちと比べて、並外れた勇気の持ち主に見えることが多い。行動の中心にいても、わきにいても、ヴィジョンの実現を着々と進める。ガンジーやキング牧師のように、必要だと判断すれば、すべてをなげうって困難な状況に立ち向かう。

一九四〇年四月、デンマークの首都が占拠されてまもなく、デンマーク王のクリスチャン十世とナチの司令官が会見した。王が王宮の窓から外を見ると、政府の建物の屋根の上にカギ十字のナチの旗がなびいていたので、司令官に会見を求めたのだという。

王は旗を下ろすように求めた。ナチの司令官は拒否した。

クリスチャン十世は数メートル離れたところまで歩き、しばらくもの思いにふけり、ふたたび司令官に近づいた。

「兵士を送って下ろさせたらどうするかね」

「撃ち殺せと命じるまでです」司令官は淡々と答えた。

「それはどうかな」と王は静かに言った。「私が送り出す兵士を見たら違う判断を下すかもしれん」

司令官は王に説明を求めた。

クリスチャン十世は言った。「私が兵士になるのだ」

その日のうちに旗は下ろされた。


手法の第三の段階である「本道」と「脇道」の区別とは、枠組みを常に明確に保つことであるとも言える。「脇道」にそれるとは、可能性が一時的に遠ざかったり、忘れられたり、はっきり明言できなかったりする状態のことだ。当初自分を突き動かした思いに乗るような形で進んできたものの、いつのまにかそれが消えはじめたのかもしれないが、いずれ正しいか間違っているかの二元論にはまり、悪循環に陥る。

サンパウロでの高揚

ベンの話

一九七七年、ニューイングランド音楽院ユースフィルハーモニック管弦楽団はブラジルにツアーに出向き、サンパウロの市立劇場で初めての大規模な一般向けの演奏会を開きました。リハーサル、観光、移動という疲れる三日間を過ごしたあとでのことです。

会場は満員で、情熱的で温かいブラジルの聴衆の熱狂ぶりには圧倒されそうでした。ブラジル国営テレビが後援を撮影し、あとでロビーの三メートル画面に流して、子どもたちが自分の姿を見られるようにしたところ、みんなすっかり興奮していました。今度は落ち着かせて、ちゃんと眠らせ、翌日のコンサートのために気持ちを切り替えさせる必要があります。ホテルに戻ったのは夜の十二時を過ぎていました。

翌朝、宿泊客から苦情の手紙を受け取りました。若き演奏家である子どもたちが騒いで、夜中に起こされたといいます。ホテルの従業員の話では、ほかの宿泊客からも苦情があったそうです。明け方三時過ぎに四人の子どもが屋根の上で見つかり、早朝には品行方正上よろしくない地域で別の四人が発見され――しかも後援企業のボストン銀行の警備員に――連れ戻されました。

翌日の公演は一回ではなく、二回の予定で、午後六時からは一万五千人を集めて野外コンサートを開き、九時には今度は屋内でマーラーの交響曲第五番を演奏します。技術的にも精神的にも力を要求される曲です。世話役の人間はすぐに子どもたちをしかり、今回のツアーは契約に基づくものだと念を押すよう私に要求しました。出発前に飲酒や門限破りを禁じる契約書に署名したのを忘れるなと。私はブラジルからボストンに電話をかけ、受話器ごしにロズと相談しました。「どんな考え方をすれば、この状況に可能性をもたらせるだろう?」

契約破りという観点からすれば、善と悪の二元論になって、悪循環に陥ってしまうでしょう。そこで、子どもたちの行動をとらえる別の枠組みを探しました。ツアーの規則が細かく契約書に書いてあることは知っています。その一方で、ブラジル訪問の目的については、コンサートを開くということ以外、子どもたちとは一度も話しあっていません。活動に対する強い意気込み、そして確固とした目的やヴィジョンは、輝く可能性をとらえます。私たちはヴィジョンについてみんなと話しあう機会を持ち、昨晩のできごとの枠組みをとらえ直すことにしました。

講堂に集められた子どもたちは、おそるおそるできるだけうしろの席に座り、それぞれの姿勢で疲労と不満を示していました。無実の子どもも、悪さをした子どもも、こってりしぼられるのを覚悟しています。

「昨晩のコンサートのあとのことだ」と私は話しだしました。

「ある女性がやってきて、心の底から感動してこう言っていたよ。マーラーの交響曲第五番を聴いたこの二時間は、これまでの人生で最も素晴らしい時間でしたと。昨夜のみんなの演奏は素晴らしかった。感動して影響を受けたのは、その女性ひとりではないはず」

子どもたちはしばらくあっけにとられた顔をしていました。まったく予想もしていなかった言葉だったのか、何も聞こえないかのように。ほんの少し間を置いて、私は続けました。「感動以外に、ブラジルの人たちに何を贈るために、みんなでここに来たのだろう？」

部屋のあちこちからぽつぽつと返事が返ってきました。僕らはアメリカのいいところを見せるために来た。素晴らしい音楽は友情と愛を伝える手段だってことを演奏で証明するために。ブラジルに敬意を示すため、という答えもあった。十代だって素晴らしい演奏ができること。音楽は本当に楽しいということ。ここに来られて幸せだということ。あらゆる席から声が上がり、どの顔も喜びで輝いていました。

気持ちの豊かさとほっとした思いが部屋の中に広がったところで、私は言いました。「もちろん、昨日の晩の演奏がひどければ、みんなすぐに部屋に下がって、とっとと寝ただろう。きみたちはあんなに大勢の人たちと一緒に素晴らしい音楽を作りあげた。その興奮があったからこそ、四人が屋根に登ったんだ。もっと高く浮かび上がらなかったのが不思議なくらいのものすごいエネルギーだった！しかし、夜中、同じホテルの宿泊客を起こして迷惑をかけることも、ブラジルの人たちに贈りたかったことだろうか。もちろん、違う。私たちは道をそれてしまった。本当の道がどこにあるか分かっていなければ、そこには戻れない。しかしたったいま、みんなは美しい言葉で見事にそれを表現した」

結局ふたりが自分たちの意思で宿泊客に謝罪の手紙を書くことにして、ほかの子どもたちもサンパウロの人たちにいい印象を抱いてもらう方法を一生懸命考えました。誰も責められたり、非難されたたりしませんでした。講堂を出るころには全員がやる気に満ち、活気あふれる二回のコンサートに臨む心構えができていました。

私が講堂を出ようとすると、世話役のひとりが言いました。「誰もしからなかったじゃないですか」しかしその直後、思い直したように言葉を続けました。「でも、この場で叱っていたら、また素晴らしいマーラーの演奏をするぞという気にはならなかったでしょうね。実際、もう心配はいらないと思いますよ」

ヴィジョンとは力強い枠組みで、あらゆる規模の組織を悪循環から可能性の領域へと導く。「ヴィジョン」という言葉を気軽に使う組織はこの世に数多あるが、この目的にかなうものを打ち出している例はきわめて少ないのが現実だ。

ヴィジョンなきミッションステートメント

「ミッションステートメント」という言葉は、経営や政治の世界で「ヴィジョン」と同じ意味でよく使われるが、前者は大体が競争や不足を表現している。市場での地位を含め、企業の未来像を描き、そこに達する段階や過程を示している。未来像としては、「いちばんになる」という目標を立てる場合も多いが、それは言うまでもなく、閉鎖的で排他的なものだ。たしかに競争心を煽るだろう。しかし会社のあらゆる面で適用できる方針にはならないし、肝心の意味や方向性を伝えてもいない。つまり、旋律がないのだ。

例えばこんなステートメントがあるとする。「アメリカのオフィス設計の分野で最も斬新な技術を提供するすごい企業になる」

行間からは、会社の内外で小さく訴える声が聞こえる。「それで、私はどうすればいいのだろう」こんなものもある。「どうして」「何のために？」

ヴィジョン

「ヴィジョン」には、音楽の旋律のように人を駆り立て、動かす力がある。映画『ショーシャンクの空に』では、モーツァルトの『フィガロの結婚』の二重奏の高揚力で、囚人たちの魂が刑務所の壁を越えて高く舞い上がる場面がある。

あのふたりのイタリア人の女性が何を歌っていたのか、いまでも見当がつかない。知りたくないというのが、正直なところだ。言葉にしないほうがいいものもある。あまりに美しくて言葉にならないもの、だからこそ心に痛みを覚えるものについて歌っていたのかもしれない。あの声は灰色の場所にいる人間が、誰ひとり夢見ようとしないほど高く遠く舞い上がった。美しい鳥が羽ばたいてこのくすんだ小さな鳥かごに入ってきて、壁という壁を消し去ったかのように。そしてショーシャンクの誰もが、つかの間の自由を感じた。

このように、ヴィジョンは目の前の問題や重圧や混乱から人を解放し、明確な旋律が見えるようにする。

そして悪循環の思考と区別する一定の基準を満たし、ヴィジョンは可能性を開く枠組みとなる。その基準とは次のとおりだ。

●可能性を明確に打ち出している。
●人間の根本的な欲求、誰もが共鳴できる欲求を満たしている。「私はどうなるの？」と反応する余地がない。
●道理や倫理とは無関係で、物事の正しいやり方を示すものではない。誰かが間違っているという思考にはけっして陥らない。
●数字、尺度、比較を使わず、時間を超越した像として表現される。特定の時期、場所、相手、物は含まない。
●ほかのものからは完全に独立している。バラ色の未来も改善すべき過去もなく、いますぐに恵みをもたらす。「世界平和」というヴィジョンであれば、それを口にすると平和が実現する。「世界を変える発想の可能性」を口にすれば、その瞬間に発想が世界を変える。

●外へ向かって広がる可能性の旋律である。ヴィジョンが定義する枠組みの中で、無限の表現、発展、拡散を促進する。

●語ることで、語った本人が変化する。その瞬間、「現実の世界」は可能性に満ちた宇宙になり、ヴィジョンの実現を妨げるものは消える。

ヴィジョンが導く目標と目的

ヴィジョンの枠組みの中では、豊かな展望から目標と目的が泉のようにわき出る。例えば「アメリカのオフィス設計の分野でいちばんになる」というものであっても、目標はあくまでもゲームとして設定する。悪循環の思考では、目標を達成するために歯を食いしばって身を粉にするという場合がほとんどだが、ゲームにおいてはそれとはまったく異なるエネルギーが引き出される。それは参加者の創造性と活力にほかならない。チームが次の段階に進めるかどうかは参加者の水準次第かもしれないが、その事実も否定しない。

ヴィジョンがあれは、目標は範囲を設定するために行き先に定める目安になる。目安に達しなくても、「素晴らしい!」と心から思えるし、落ちこんだり、ヴィジョンのハードルを下げたりする必要もない。ヴィジョンのもとで目標を追い求め、参加すること自体が可能性の現れとなる。勝つことはそうではない。

「ヴィジョン」の例

数々の組織との交流で知ったヴィジョンの中から、可能性を開く枠組みの基準を満たしている例を挙げよう。ある世界的な食品販売会社は「倫理的で持続可能な関係に基づいた世界」というヴィジョンを掲げた。安価な家庭用品を製造する企業は「日常生活に見出す楽しさの可能性」と表現し、アメリカ陸軍の幹部グループは「自由な世界と、その可能性」に共鳴した。

ヒューレットパッカード（ＨＰ）研究所の国際人事責任者のバーバラ・ウォーは、ＨＰの競争思考のミッションステートメントがようやく真のヴィジョンに代わったときに起きた変化について語っている。「変化というのは大変革のことで、盛り上げるために伴奏までつくようなものだと思っていた。ＨＰでは、ゆっくり始めて、少しずつ前に進む。そんな方法を選択している。それでもある時点で、変化が加速し、変革が起きる。ほとんど気づかないうちに」

それはＨＰ研究所の創造性を称える会の企画会議のときに起きた。材料技術者のローリー・ミッテルスタッドが、素朴ながらも力強い疑問をグループに投げかけたのだ。

「なぜ世界で最も優秀な企業研究所を目指すのか。世界のために日々努力を重ねる最も優秀な研究所

ではどうか。いっそ『世界のためのＨＰ』にしたらどうだろう」(注10)

微妙に言葉を変えることによって、新たなエネルギーの源が手に入った。主任技術者は「世界のため」という言葉から連想したものをすぐに表現した。ＨＰが誕生した車庫をビル・ヒューレットとデヴィッド・パッカードがのぞきこんでいる写真。いまでは有名なその写真に、宇宙船アポロから撮影した地球の写真を重ねたのだ。ウォーのグループがＨＰ研究所の交流会用にその写真でポスターを作ったところ、社内のほかの部門の人々に熱狂的に受け入れられ、約五万人がポスターを買った。

ヴィジョンは開かれた招待状であると同時に、発想の源であり、ヴィジョンが定める枠組みの中で活動は生き生きと展開される。

「調性」組織

ヴィジョンは企業やグループの「調性」にもたとえられる。調性とは、楽曲が書かれている調のこと。無調音楽、つまりは主調のない音楽が普遍的な芸術として発展しなかったのは、まさに方向感がないことが理由だった。

そもそも何の手がかりもないのに、どうやって自分の位置を知ることができるだろう。単純な主音と属音の和声のみで展開する曲は、発展の余地がなくて退屈きわまりない。同様に、過去の習慣のみに頼って運営を続ける企業で働くことに何のおもしろみがあるだろう。複雑さ、緊張感、不協和音は、音楽だけではなく組織にも活気を与えられる。そして主調がなければ、あるいはヴィジョンに結びついていなければ、けっして一貫性は生まれない。ヴィジョンで統制されている組織においては、いつでも、誰でも、すぐにそのヴィジョンを使える。ヴィジョンは組織独自の「鼻先に爪先」であり、関係する全員が責任を持って本道を歩む手がかりになる。

ヴィジョンの恵み

ベンの話

ボストンフィルハーモニー管弦楽団は「境界なき情熱的な音楽活動」というヴィジョンのもとで、この四年間あらゆる予想を上回る活動を続けています。予算は三倍に増え、余裕の黒字運営です。非営利のクラシック音楽組織としては、非常にまれなケースです。入場料の最低料金は一度も値上げしていません。利益が出れば、ホームレスの施設に寄付し、自分たちのヴィジョンを表現する企画の話が来れば引き受け、何とか資金をやりくりする方法を考えます。予算を含め、あらゆる面で、可能性につながる枠組みの中で動きます。

その結果は？　プロの一流オーケストラに引けを取らない録音物を制作し、一度もクラシックのコンサートに来たことのない人に音楽を大好きになってもらう企画や講演を実施しています。コンサート前の気軽な講演は、いつもほぼ満席。ルイジアナ・レパトリー・ジャズ・アンサンブルという素晴らしい団体と組んで、毎年最高のコンサートと熱狂的なパーティを開催しています。例えばオーケストラ、コーラス二団体、子どもコーラス二団体、ソリスト八人の合計四百人でニューヨーク市のカーネギーホールでマーラーの交響曲第八番を演奏したいと思えば、実現方法を見つけるのです。

事務局のスタッフが都心の繁華街に店舗を借りたいと言いだしたときには、なぜそこまで強く主張するのか困惑しました。大部分の仕事は電話とコンピュータで行っていたので、その必要性が感じられなかったのです。しかし、スタッフには分かっていました。「境界なき情熱的な音楽活動」を閉じこめることはできません。いまではボストンフィルハーモニー管弦楽団には「店」があります。ウインドーには花が飾られ、演奏風景を描いた大きな壁画があり、歩道に音楽を流して、ベンチに座って、音楽を聴きながら朝食をとれるようにしています。ヴィジョンを四六時中唱えているせいか、それが刺激となって、音楽を届ける範囲を広げる新しい方法を常に見出そうとしているし、どんな判断を下すときでもヴィジョンが手がかりとなります。

若手経営者の国際組織を相手に講演をしたとき、「貢献」の手法について長々と話したあと、香港企業の経営者がやってきて質問をしました。それはいままで何度となく受けたことがある質問でした。「『貢献』のお話、とてもよかったです。しかし、お金はどうなのですか？　お金を稼がないことには何もできません」

私はこう答えました。「そもそも貢献には、お金がついてくるものです。なぜなら、自分が提供している可能性に相手が引きこまれていることを示す手段のひとつが、お金だからです」納得のいかない様子の経営者はすぐに反論を口にしました。「しかし、株主はどうなるのですか?」するとすぐわきに立っていた経営者の小柄な妻が、夫の脇腹を突いて言いました。「違うわよ、株主ではなく、子どもたちでしょう!」

話を聞けば、おもちゃの車のモーターを作っている会社だといいます。経営者は株主の心配をするあまり、子どもが喜んで遊ぶおもちゃを作るために会社が設立されたことを忘れていました。実際、それをヴィジョンとして明確に表現したことが一度もなかったのかもしれません。その場合、目的は見失いやすいし、せっかくの可能性の枠組みも無駄になります。経営者は我に返ったように大声で笑い出しました。その瞬間、すべてが分かったのです。人間という生き物のとてつもない滑稽さと、とてつもない素晴らしさが、一瞬にして。

個人的な危機や失敗の経験が土台になって、人のヴィジョンが形成され、それが可能性に満ちた人生の枠組みになることは往々にしてある。

ヒューストンに住むアリス・カハナには、十五歳のときに体験したアウシュビッツへの道でのできごとが、つらい記憶として鮮明に残っている。

途中で両親と離ればなれになったアリスは、八歳の弟の面倒を見なければならなかった。貨物列車が来たとき、弟が靴を片方なくしているのを見て、「なんでそうばかなの！」と姉にありがちな態度で怒鳴った。「自分のものくらい自分で見てて」

まったく普通の会話だった。それがふたりのあいだで交わした最後の言葉になったことをのぞけば……。ふたりは別の車両に入れられ、アリスは二度と弟に会えなかった。

半世紀近くたったいまでも、アリスはそのときの混乱の中で得た教訓を胸に生きている。彼女は誓ったのだ。「相手への最後の言葉として耐えられないことは、絶対に口にしないでおこう」

その誓いを百パーセント実行できているかと問えば、正直なところ答えはノーになるだろう。しかし、それはたいした問題ではない。そもそもその誓いは、達成しなければならない基準ではなく、可能性につながる生き方の枠組みだからだ。

可能性が生まれる環境

日ごろから自信を持って可能性に満ちた豊かな世界にすっくと立つ姿勢を保っている人のまわりには、おのずとある種の会話が多くなる。そこには非難や陰口はなく、強い信念や信頼感だけがあり、「自分たち」と「他人」という区別をされることもない。そのような環境は驚くべき効果を生み、人々をまったく予想外の方向に導く場合がある。扉という扉は開かれている。その場所では、協調と助けあいの精神に満ちた宇宙の草原で遊ぼうと、誰もが誘いかけている。

果てない空

ベンの話

ウォールナットヒルの月曜日の上級クラスでは、音楽とはほとんど関係のないテーマで授業を始めることもよくあります。「日々練習して、授業に出席して、ときどき人前で演奏する」という日常を超えた、広い視野で人生を考えてもらいたいという思いからです。私は教師として、さまざまな会話を通して可能性を作り出す機会がいくらでもあります。

ある授業で、リスク、危険、障害の克服について、非常に興味深い議論になったことがありました。翌日、アメリカ航空宇宙局、NASAでリーダーシップについて講演することになっていたこともあって、ふと思いついて、NASAの活動と音楽に熱心に取り組む自分たちの人生とのあいだで共通することについて書かせることにしました。

もちろん私の学生はすでに、「共通する夢と志について、精神について、人間としてのあり方について書け」という意味だと理解していました。しかし、音楽と宇宙プログラムをこれほど見事に可能性の視点から表現するとは、私自身、予想していませんでした。

翌日私が会うことになっていたNASAの人々に向けて、授業中にさっと書かれたものをいくつかここで紹介しましょう。

ＮＡＳＡが数学と機械を使うように、私たち音楽家は音を使う必要があります。音には、魂を探求し、インクの黒さの中で失われた夢と可能性を引き出す力があります。美しいソナタは重力を逃れて飛翔します。ＮＡＳＡのみなさんと私たちのあいだには、それほど違いはないのでしょう。ひとりひとりの人間は小さいですが、私たちが歩む人生の旅は銀河のように広がる可能性を持っています。ＮＡＳＡには膨大な予算が認められています。世界に可能性を主張し続けているのですし、それだけの価値があるのだと信じています。

アマンダ・バー（十六歳）

ＮＡＳＡの方々は地球の外交官、代表者です。未知の世界を探検し、発見のほんのわずかな手がかりに興味をそそられる。私たちを代表して、発見し、探検し、地球という枠を飛び出し、できるだけ遠くへ行く可能性を見つける。思考と発想の限界を超えて、天空まで押し上げる責任を担っています。そう、無から何かへと……。音楽は宇宙に似ています。それはまさに探検であり、楽譜の限界を押し広げ、思考の限界を超えて、遠くへ速く行く責任を負っています。

デイヴ・ランスタイン（十六歳）

世界がNASAの方々に期待しています。新しい可能性を開き、私たち人類にできることを発見してくれると……。人間が作らないかぎり、音楽にも宇宙にも限界はありません。可能性の火を灯し続けてくれていることに、本当に感謝しています。

アシュリー・リバティ（十四歳）

私は翌日NASAで働く人々に話をするため、ロバート・ゴダード宇宙飛行センターへ行きました。舞台に上がり、聴衆の顔を見渡すと、持参した手紙に書いてあるとおりの人々がそこにいました。ウォールナットヒルの学生たちの話もし、その場で手紙を読みあげて、実物を置いてくると、しばらくして講演の責任者から手紙をもらいました。とても影響力のある講演で、そもそもなぜNASAに働きに来たのか、最初の動機を忘れていた聴衆の多くが力をもらい、改めて焦点をしぼり直すことができたといいます。手紙はこう続いていました。

NASAは……才能ある若い学生が素晴らしい「NASAへの手紙」を書いてくれたことに非常に感動しました。どの手紙にも、NASAの存在理由の単純な美点がとらえられていました。しかも、ここで働く私たちにはけっしてできない形で。全員が手紙のコピーを欲しがっています。メッセージの力と学生の才能に圧倒されたのです。

感動のあまり、私たちもクラスのみなさんに手紙を書くことにしました。同封の手紙は私たちの心からの「感謝の気持ち」です。あるいは普段は見られないNASAの一面もそこに表現されているでしょう。それは現在NASAで働いている理由の核心であり、温かい人間としての側面でもあります。

どうか学生のみなさんに伝えてください。いただいた手紙を宇宙ステーション担当の幹部にみせたところ、宇宙での任務に持って行くことに決まりましたと。初期に宇宙ステーションの建設を担当し、そこに生活する人のためのCD-ROMに手紙を取りこみます。みなさんの言葉がNASAの探検者たちを喜ばせ、元気を与え続けてくれるのは間違いありません。特に宇宙で大きな困難に立ち向かう長い孤独のときには、力の源になってくれるでしょう。

感動を与えてくれた学生のみなさんに、NASAを代表して私たちの心からのお礼をお伝えください。

アメリカ航空宇宙局本部
プログラム／プロジェクトマネジメントイニシアティブ
プログラムマネージャー　エド・ホフマン

ＮＡＳＡは実際にウォールナットヒルの学生の手紙を入れたＣＤ-ＲＯＭを宇宙に送り、学生の言葉と熱い志はいま、国際宇宙ステーションと共に地球を回っています。
ＮＡＳＡからウォールナットヒルの学生に送られてきたたくさんの手紙の中からほんの一部をここに紹介しましょう。

ＮＡＳＡの活動についてのみなさんの言葉はとてもありがたく、心が温まる思いでした。宇宙飛行には多大な金がかかるという話はよく耳にしますが、肯定的な面はあまり強調されません。肯定的な面を次々に指摘するみなさんの考え方を聞いて、涙を浮かべた同僚も少なくありませんでした。

みなさんのおかげで、私がいまここにいる理由を思い出すことができました。「自分が今日ここにいるのは、沼を渡るためであって、一匹残らずワニと戦うためではない」そのことをいつも忘れないようにします。本当にありがとう。

宇宙探査についての表現豊かで感動的な励ましの言葉をありがとう。詩的な表現の数々に、大いなる目的を思い出させられました。音の探求者、未来の担い手であるみなさんからのメッセージだというのは、非常に大きな意味があります。私たちはそれぞれの方法で、過去と現在と未来の深い理解を喚起しようとしているのですね。みなさんの音が星まで届きますように。

「可能性を開く枠組みを作る」この手法では、反直観的な考え方が求められる。目の前に見える証拠でなく、私たちを支配する前後関係の流れで考えることも必要になる。それによって現代生活を脅かす新たな危険への警戒心が養われ、無意識のうちの定義、思いこみ、枠組みによっていつのまにか悪循環の思考に縛りつけられ、変えたいはずの状況が作り出される危険に注意するようになる。

しかし、私たちには魔法の力がある！　言葉を意識して使い、可能性を開く新しい枠組みを定義する力だ。私たち人間の中にある最も貢献している部分を引き出す枠組み。それが人間の「本来の姿」だと認めてはどうだろう。

可能性が開ける枠組みを作り出し、私たちを定義する新しい方法を示すリーダーの例をここに挙げよう。ネルソン・マンデラは、このマリアン・ウィリアムソンの言葉を世界に向けて語ったとされている。

私たちが最も深く恐れるのは自分が不十分であることではない。

私たちが最も深く恐れるのは自分が計り知れないほど力強いことだ。

最も恐れるべきは、自分の闇ではなく、自分の光。

私たちは自らこう問いかける。自分ごときが聡明で、華やかで、才能豊かで、素晴らしい人間だなんてことがあるのかと――

しかし、実際にそうでなければ私たちは何者なのだろう。


あなたは神の子。

遠慮して小さくあっては、世界に貢献はできない。

自分のまわりの人たちが自信を失わないようにと縮こまっていたところで道は一向に開けない。

私たちは自分に宿る神の栄光を体現するために生まれてきた。

一部の人の特権ではない。誰しもが持っている力。

そして自分の光を輝かせれば、
無意識のうちにまわりの人にも影響を与えられる。

あなたも自分の光を輝かせてよいのだと。(注1-1)

手法12

「私たち」として語る

ベンの話

期限付きビザでの最初のアメリカ滞在期間が終わりに近づいたころ、私はアメリカの高校生を故国のイギリスに連れていき、一年間の音楽留学をさせる計画を立てました。参加する学生の通う各校の校長が全員、イギリスでの勉強を1年分の単位として認めることに同意したのは意外でした。私はロンドンのハムステッドヒース近くに家を借り、音楽、芸術、哲学、英語などの充実した学習カリキュラムを組みました。毎週、専門家を招き、学生が作った料理で夕食会を開き、専門分野の話をしてもらいました。

父のウォルター・ザンダーを招いたこともあります。その人生を通じて対立について考え、執筆してきた父は、特にユダヤ人とアラブ人の対立に詳しい人でした。学生の心づくしの手料理を食べつつ、ろうそくの光のもとで、アブラハムの時代から始めて、ユダヤ人の歴史の流れを説明する父の語り口には、かなりの熱がこもっていました。偉大な聖書、中世、芸術と科学の偉業、民族離散《ディアスポラ》、ホロコーストの悲劇と話題は尽きず、この壮大な歴史の物語を一九四七年のパレスチナという小さな輝く土地で締めくくりました。アラブ人とユダヤ人が国を分割し、ユダヤ人の祖国ができる前の年のこと。

今度はさかのぼってアラブ人の歴史を語りはじめました。その話はまたアブラハムから始まりました。アブラハムはアラブ人とユダヤ人の先祖とされている人物です。アラビアの科学と学問、アレクサンドリアの壮麗な図書館、タペストリーと建築、音楽と文学、民間伝承の千夜一夜物語をはじめとする芸術分野の数々の偉業。アラブ人の礼儀正しさに関してはとりわけ強調する場面がたくさんありました。

印象的だったのは、ユダヤ人の話をしているときも、アラブ人の話をしているときも、その語り口に同じように熱がこもっていたことです。アラブ人の四千年に及ぶ偉大な歴史物語をやはり一九四七年のパレスチナという同じ小さな輝く土地で締めくくると、学生のひとりが感嘆して声を上げました。「なんて素晴らしい機会だろう！　このふたつの民族がそのような土地と歴史を共有するなんて、何という名誉だろう！」

もしこんな気持ちが一九四七年以降の中東でアラブ人とユダヤ人の関係の中心にあったら、どうなっていたでしょうか。

歴史とは、大体が「自分たち」と「他者」との対立の記録だ。この構図は幅広く見られる。国家間、政党間、労使間、そして日常生活の人間関係においてもだ。資源、縄張り、「真実」をめぐって対立する相手と自分たちの両方を変えられるのは、いったいどんな枠組みだろう。視野の狭い敵意から、熱意や深い敬意に満ちた姿勢に代わるには、何を考え出せばよいのだろう。

私たちはまず、相手、自分、そしてその他の人々を「一体化」した新しい人格を定義した。これが、この章で新たな形で使う「私たち」だ。人がふたり以上いるところならどこでも、どんな共同体や組織でも、この「私たち」は現れる。

詩的な表現をするなら、「地球上の人類のあいだを流れるメロディ」と考えることもできる。フレーズを旋律として演奏すると、ばらばらな音から音楽が生まれ、印象派の画家の作品から少し離れると、多彩な色の筆遣いから風景が姿を現し、はじめての子どもが生まれると家族ができるのと同じように、「私たち」は現れる。恐怖、協奏、戦いの筋書きからとりあえず離れ、「私たち」として、「私たち」の視点で語ればいい。

「私たち」の物語での人間の定義は独特なものだ。人間とは、中心的自己であり、常に貢献したがっていて、おのずとまわりに関わり、永遠に一緒に踊っている。「私たち」の物語では、個人ではなく人間関係に、個々の者や存在ではなく一定のパターンに、仕草に、動きに焦点が当たる。そのときには、中間的なものの存在も認められる。光が粒子と波の性質を併せ持つように、「私たち」はひとつの生き物であると同時に、展開し続ける旋律でもある。

「私たち」という新しい存在、会社、社会、共同体、ふたりの人間の活気あふれる存在は、意識して見ようとすれば見えてくる。そのときはじめて、物語の主人公である「私たち」は前進し、独自の生命を持つ。

「私たち」の視点で語るとき、個々の人間はすべてを包みこむ新たな存在、つまり「私たち」の媒体となる。「私たち」としての目と耳を持ち、その心を感じ、「私たち」らしい論理で考え、「私たち」にとって何がいちばんよいのかを問うようになる。この手法は、リーダーシップのあり方をも示している。もちろん、戦場で培われるような能力に基づくリーダーシップではない。すべての人のために、人間の可能性という旋律のために、語るべきを語る勇気。それこそが、ここで言わんとしているリーダーシップにほかならない。

「私たち」の手法を身につける段階は次のとおりだ。

1　「私たち」として、「私たち」の視点で語る。私たち全員を結びつける目に見えない糸、可能性についての物語を。

2　存在を明らかにしつつある「私たち」に耳を傾け、そのあるべき姿を探し求める。

3　自問する。
「私たちは現状をどう変えたいのか」
「私たちにとっていちばんいいのは何か」――一人ひとりにとって、そして全員にとって
「私たちの次の一歩は何か」

「私たち」の魔術

ロズの話

精神分裂の治療施設と自閉症の子どもを、「私たち」が現れる状況設定と想像するのは難しい、と思うかもしれません。けれども、六〇年代の終わり、ニューヨーク市のマスターズ児童センターで、私ははじめてそれをはっきり目の当たりにしたのです。

当時私の患者だった、風変わりで詩的なヴィクトリア・ナッシュという九歳の女の子。彼女は突然何かになりきり、誰かがそれに気づいて、何になっているかを当てるまで、何時間でも続けることがありました。例えば、「そうか、あなたはジゼルで、悲しんでいるのね！」と言ってもらえるまで延々と。今回の話の中でも、ヴィクトリアはいつものように片足でくるくる回っていました。「店に行って、「店に行ってきなさい！」。ヴィクトリアは私に向かって命じ、遠くを見つめました。「店に行ってきなさい！」。

私の欲しいものを買ってきなさい」

顔がほころびそうになるのを抑えて、私はもったいぶった命令に敬意を表しました。「かしこまりました」とお辞儀をし、本人を部屋に残して、道の反対側にあるこぢんまりした雑貨店に行きました。私はゲームを楽しんでいました。何しろ、人にぴったりのものを探すのは得意だという自信もあったのです。きっとこれで私たちの関係は強まるだろうと、まさに自意識過剰のセラピストと化していました。ヴィクトリアは何が欲しいのだろう。読み物だろうか。いや、甘いものだろうか。でも、お菓子が好きな子ではないし……。そしてディンティ・ムーアのビーフシチューの大きな缶に一瞬視線がとまりました。それから冷蔵庫のソーダやジュースを見て、缶詰売り場に戻り、やはり気になったディンティ・ムーアを選びました。

厚く毛羽立った青い敷物が敷かれ、地味な白いカーテンがかかる部屋で、ヴィクトリアはポーズをとって立っていました。あごを上げて、私が手にしている紙袋をじっと見つめています。私はその瞬間感じ取りました。「私がどうなるかはヴィクトリアにかかっている。この子はこれで私たちの関係を決めようとしている。これはこの子のゲームだし、その力もある。最適の贈り物を選ぶ私の才能は問題にもなっていないし、私が実際に何を買ったかすら関係ない。これはまさに『私たち』の問題なんだわ」

すると全体像が見えました。私が自分のプライドに注意をそがれているうちに展開していた人と人とのつながりの物語。いま、私たちはその物語の重大な場面にいる。ヴィクトリアは私たちの関係を宣言しようとしている。一緒にいるのか、離ればなれになるのか……。

私は勇気を奮い起こして彼女と向かい合いました。相手も勇敢に私を直視しています。紙袋を受け取り、慎重に開け、ディンティ・ムーアの缶を取り出しました。「わあ、ストーンさん」。ヴィクトリアは顔いっぱいにほっとした思いをあらわにしました。「これが欲しかったのが、どうして分かったの？」

その時点で、ヴィクトリアは「私たち」の視点で語ることにしたのです。満ち足りた、強い結びつきの話を、です。実際は、「私」のいたらなさに対する「自分」の失望を語るほうがずっと簡単だったかもしれません。この種の選択は誰もが常に直面しています。恋人が電話を掛けてこない、同僚が期待を裏切った、誰かに追い越された。そんなとき、私たちは「私たち」の視点で語ることもできるし、「私対あなた」の視点で語ることもできます。

「私たち」という代名詞は普通、「私＋あなた」を意味する。よって「私たちはどうすべきか」とか「私たちにとって何がいいのか」とかいう質問は、相手の要望と自分の要望の妥協を指す場合が多い。その前提として、人はそれぞれ違い、基本的に変わらず、口にした要望もずっと変わらないというものがある。だからこそ勝つ人もいれば、負ける人もいて、望むものをすべて得られる可能性は低い。その結果起きる競争は、ふたつの面で影響を及ぼす。それは、自分の立場を誇張して、事実を部分的に隠すようになったり、あるいは攻撃と防御の姿勢をとり、すぐに最後通牒を突きつけて縄張りを守ったりする。

「私たち」の手法を使うと、まったく異なる前提で物事に対応できる。決まった欲求も、変わらぬ要望もなく、どんな考え方をしようと、どんな感じ方をしようと、対話として成立する。

「私対あなた」と「私たち」の手法を、対照的な例を挙げて説明しよう。

●「私対あなた」の手法

「昇給してもらえないのなら仕事をやめるつもりです」

雇用主は責任を転嫁するか、なだめるか、嘘をつくか、決断を実行に移すのを延期させようとする。

今度はこれを「私たち」の手法と比較してみよう。「私たち」という中間的な存在は、永遠に進化し続け、動き続けるという前提に立つ。「私たち」という言葉を使うだけで、方向を変えられることもある。

●「私たち」の手法

「私たちはお互いに私の仕事に満足しているようですし、信頼関係も築いていると思います。しかし残念ながら、いまの給料では生活が支えきれません。現状をどう変えたらよいでしょう。どうしたらすべてがうまくいくでしょう」

●「私対あなた」の別の会話の例

「あの女と手を切らないなら、いますぐ離婚するわ」

夫は嘘をつくか、なだめるか、時間をくれと説得する。

●「私たち」の例

「この状況は私にとってはあまりにつらいし、きっとあなたもそうだと思う。腹が立って、感情のやり場がなくて、どうしたらいいのか分からない。それに、私はあなたを愛している。私たちは現状をどう変えたらいいでしょう。いちばんいい方法は何でしょう」

「私たち」の手法を使うと、「あなた」を私たちの仲間、一員としてとらえることができる。

対立を解消する従来の「私対あなた」の方法は、どれをとっても不協和音を強めるだけの結果に終わる。対立する双方の立場を満足させることに集中し、お互いの要望の幅を広げる手段を与えないとなれば、それも当然だろう。「私対あなた」の手法はあらゆる意味で物事を願う機会を奪う。一方、「私たち」の物語では、私たちはヴィジョンを通じて人とつながることを渇望する。

「私たち」には、人生のあらゆる要素を高める力があるものの、それだけリスクもある。とはいえ、この手法は既知数に基づいて物事を決定するものではない。「私たち」は全体を融合させた展開であり、常にそこから次の一歩が生まれる。そこで必要なのは核心だ。自分の意思で展開しはじめた物事が、必ず長期的に自分の役に立つと信じること。そのあとに起こることは、自分の手の届く場所から離れ、「私たち」そのものから自然にわき起こる。

失われたものは見つかる

ロズの話

母が亡くなったあと、私と姉はお互いに牽制しあう状態が何週間も、何カ月も続きました。何が問題でぎくしゃくしていたのか、お互いによく分かっていなかったのだと思います。私としては、もともとの性格もあるのだろうけれど、腕まくりをしてきちんと話し合い、問題を解決したかったのです。その一方で、議論することが苦手な姉は距離を置きたがりました。私はダッシュボードのすぐ向こうにある創造の世界の満員の法廷に向かって、力強く弁論しながらボストンの通りを運転する日々。隣の州に住む姉はといえば、安全な場所にこもっていることが多かったと思います。

私の誕生日が過ぎても、ふたりで会う機会はなかなか訪れませんでした。当然、私としてはひどい扱いを受けているという気持ちが強まる一方。

ついにこう自問しました。「いったいどうなっているの?」すると「中間的なもの」の姿がちらっとかいま見えました。私は何とか姉を説得しようとするあまり、精力を費やして、かえってふたりの距離を広げていたのです。姉に会いたくてたまりませんでした。実際に会い、顔を見さえすれば、絶対に何か糸口が見つかると思いました。そこで電話をかけ、姉の家で一緒に朝食をとりたいと申し出たのです。まだ暗いうちに起きて、コネチカットには七時に着きました。キッチンにはナイトガウンを着た姉がいました。世界一大好きな、姉の姿でした。

私たちはイタリア風のコーヒーをブラックで飲みながら楽しく話をし、長い朝の散歩に出かけました。コネチカット州アッシュフォードの緑に囲まれた土の道。茶色のラブラドールのクロエが先を走っては戻り、また走っては戻って、切れ目のない長い弧を描いています。

何の話をしただろう。建築、田舎、クロエが大好きなこの先の農場にいる猫。陽気な母の思い出も幾度となく話題に上りました。私の仕事のこと、姉が発表しようとしている論文のことも。結局、私の「弁論」はまったく出る幕がありませんでした。木々に囲まれた道のどこかに消えてしまったのかもしれません。私の法廷であり、好意的な陪審員でもある車に乗りこむと、もはやそこに審議はありませんでした。

問題は解決したのかといえば、もちろん解決はしていません。けれども、お互いにどんなにつらい思いをして勝ち負けを確かめたとしても、問題そのものが想像していたとおりであることはほとんどありません。私たちは一緒に歩き、腕を動かし、光を浴びて、幸せな気分で朝の空気を吸いました。その瞬間、私たちのあいだの境界はなくなっていたのです。これでふたりの違いを楽に話せるようになりました。私はそのときそう感じました。

姉との意見の違いや不和は、ふたりの関係の歯車がほんの少し乱れたにすぎません。怒り、恐怖、不当だという思いが抑制されずに高まったとき、個人や国が持ち得る敵意とは比べようがありません。「とりあえずわきに置いておく」のとはまったく違う問題です。絶望と怒りの極みにあるときは、それを乗り切るための新しい考え方が求められます。

敵は人間にあらず

そういう強烈にして複雑な感情を乗り越える手段が生まれたのは、精神療法に訪れたあるご夫婦の一風変わったやりとりがきっかけでした。そのご夫婦は別れる寸前で、当初療法に来るのに乗り気でなかった夫は、広くもない診療室の隅に引っこんでいました。妻は見るからに激怒していました。まさにそのときの態度のように、いつも夫が引っこんでばかりいること。自分を放っておいて平気なこと。興奮するにつれて夫に懇願し、非難し、大声で怒鳴りました。「あなたは私を愛していないのよ！」

私は気づくと叫び返し、ふたりのあいだに入っていました。「そんな態度をとる人を誰が愛せますか」夫婦も怖かったかもしれないけれど、私自身、とても不安でした。妻からは三十センチほどしか離れていないところに立ち、私は、親密に療法に取り組んできた人に向かって、療法とはかけ離れたことを口走ってしまったのです。まるでひとりでボートから落ちたような思いでした。恐怖の一瞬、妻と目を合わせると、突然、相手の中心的自己の姿が見えました。

「でも、いまのはあなたの発言ではありません」私はだしぬけに言いました。「何か別のもの。そう、復讐。復讐があなたの声でしゃべったのです。復讐は生き物となってあなたの肩に乗って、何が何でもご主人を攻撃しようとしている。たとえそれであなた自身が傷つこうと」

するとその生き物は姿を現しました。ちょうど妻のほうの上、私たち全員の心の目の前に、それはいました。

不思議なことに、私の怒りは一瞬にして消え、つらい立場から解放されました。私たちは完全に一体感を取り戻し、それによって、まったく新しい現象が見えはじめました。この問題に取り組まざるを得なかったことは、この女性にとって、私や彼女の夫とは比べものにならないくらいつらかったに違いありません。正気を保つために自分の乱暴な行動を夫のせいにしなければならない。そんな悪循環にも気づいていました。一方で、復讐という生き物は勝利を祝っていました。復讐は女性が小さいときに独立した人格を得たのでしょう。そしてそれ以来、まったく成長していないのもよく分かりました。もちろん、これは比喩としての話ですが。

夫が隅から出てきて妻の横に立つと、いろいろなことが次々に見えてきました。「復讐は、見つかることを喜ばないでしょうね。いまだって、新しい隠れ場所を見つけようとしています。またあなたを利用して、ご主人を攻撃できるように」

妻は夫のほうを向いて言いました。「先生のおっしゃるとおりなの。本当はこんな態度はとりたくないのよ」

夫はその口調から妻の言葉を完全に理解したようでした。そして妻は、いったいどうすればこのいまいましい生き物を追い払うことができるのかと妻は悲しげに尋ねてきました。

私は復讐という生き物の専門家であるかのように、自信を持って返事をしました。「完全に追い払うことはできないかもしれない。でも、いることさえ分かれば、これからの行動も正確に予測して対応できます」と。抵抗すれば相手は力を増し、明るみに出せば、その力は弱まります。「とにかく存在を意識し続けることです。いつもどこかに潜んでいると思って、いったいいま何をしているだろうと、自分自身に問いかけるようにするのです」

これはなかば創作、なかば発見の産物、そしてその産物は幻影でした。けれどもこの瞬間を共有したおかげで、私たちの間の壁はなくなり、共感の余地がそこに生まれました。どんなときでも、人と人とのあいだには、心からのつながりが起こり得ます。復讐、欲望、自存心、恐怖心、正義感を悪者にし、人は希望であると確信することで、和解して共に可能性を作り出せます。自分を縛る必要はないのです。妥協する必要もありません。創造力を使って、お互いのために、世界の人々のために、情熱を傾ければ、人を敵にする必要はまったくないのです。

私たちの世界では、信頼と社会を破壊するテロリズムは、復讐の究極の表現のひとつだ。この不可避とも思える行為に直面したとき、どうすれば「私たち」の視点で語ることができるだろう。「私たち」の手法はテロ行為に脅かされている社会でどのような過程をたどるだろう。

まず、自分のために「私たち」の物語を作ろう。中心的自己が本来の人間の姿であり、社会は常にひとつにまとまろうとしていて、征服すべき敵はけっして人ではないという筋書きで。発言されるべきことを発言し、「私たち」として表現して社会に呼びかける。発言は解決すべき問題ではなく、優劣もつけず、意見が出尽くすまで続ける。私たち全員のすべてが現れるまで、忍耐強く。旋律の枠組みを保ち、「私たちにとっていちばんいいのは何か」と常に問い続ける。

そこにはさまざまな意見が飛び交うことになるだろう。


「爆弾テロリストは凶悪犯罪の責任をとって死ぬべきだ」

「それは新たな暴力だ」

「テロリストのたぐいは社会から締め出す必要がある」

「どうしたらこの世界を再建できるだろう」

「どうしたらこんな悲劇が二度と起こらないようになるだろう」

「犠牲者の家族にどう償うのか」

「怒りに終わりはない」

「いまや恐怖が社会を支配している」

「子どもたちはどうなるの？」

「こんなことがどうやって起こるというの？」

「現状をどう変えたらいいだろう」


このような発言の中から、一部の人や多数の人を通じて、やがて「私たち」の筋書きが定着していく。「私たち」の声が話すとしたらこう言うだろう。「非人間的な力に負けない本当に強い社会を作ろうと思うならば、犠牲者の家族と一般市民と治安部隊と政府だけではなく、話し合いの場にテロリストも加えよう。事件がなぜ起こったと思うのか、テロリストが何をどう変え、どう扱われれば、社会のためになると考えているのか、じっくりと意見を聞こう。テロリストも『私たち』の一員なのだ」

シンフォニア

ロズとベンの話

スイスのダヴォスで開催された世界経済フォーラムで知り合った友人から招待を受け、一九九九年の夏、ロズの娘のアレクザンドラと三人で南アフリカを訪れました。息をのむような美しい風景と、多種多様な生き物はもちろん、特に感銘を受けたのは、どこに行っても会話が南アフリカの国のことで持ちきりだったことです。

ケープタウンの大臣、ヨハネスブルクの芸術家、プレトリアの実業家、ソエトの音楽教師、さまざまな人と出会い、非常に刺激的な会話を交わしましたが、そのどれもが南アフリカについてでした。運転手、ケープタウン交響楽団の会長、料理人、洗濯係の女性、話し相手が誰でも南アフリカの話になる。あらゆる声を合わせた響き、まさに「シンフォニア」を体現した国、南アフリカ。それは生きて呼吸する存在でした。

自分と同じ名前の、黒人居住区にある診療所を訪れたアレクザンドラは、戻ってからこう言いました。「本当に驚いたのは、誰も何も隠さないことよ。社会に起きているあらゆる問題を真っ正面から直視している。不法占拠者の住環境はひどかったし、生活水準にも大きな格差がある。そしてそれが、すべてさらけ出されている。それでも耐えられるのは、現状は自分たちが願っているのとは違う、そしてみんなが現状を変えようとしているって、きっと誰もが分かっているからよ。一部の人が問題だなんて決めつけずにね。問題を抱えているのは社会全体で、その社会は骨折しているようなものなのかもしれない。でも、このことは真実・和解委員会（ＴＲＣ）の活動とどのくらい関係があるんだろう」

真実と和解

アパルトヘイト政策廃止後に全人種によって選出されたマンデラ政権は、長期の残虐な暴力から脱した国が陥るジレンマに直面した。加害者にどういう姿勢でのぞむべきか。その存在自体が、すでに傷ついている社会の痛みと憎悪を強めている状況で、どういう方針で国を回復させたらよいのか。

この問題に対し、南アフリカ政府は社会がすべての面でまとまっていく可能性のある枠組みを取り入れ、デズモンド・ツツ大主教を責任者に任命した。真実・和解委員会は、真実のありのままを公の場で語る人には、政治的な動機で暴力行為に及んだことを証明できる場合、恩赦を与えることにした。委員会に出頭しない人は、通常どおり裁判を受ける。憲法にはＴＲＣの理念が書かれている。「復讐ではなく理解が、報復ではなく修復が、苦しみではなくウブンツ（同胞愛）が必要だ（注12）」

ＴＲＣのような委員会を設置したマンデラ政権は、とてつもないリスクを負ったように見えるかもしれない。あれほどの残虐行為があったのだ。正義を実行するのが妥当ではないか。今後、法が都合良く運用される危険性もある。しかし、ＴＲＣはまったく別の発想に基づいて設立されているようだった。人間の本来の姿は中心的自己であり、結びつくことを切に願い、壁の解消につながる枠組みを求めている。私たち全員のすべてが表に出て、ありのままを受けとめる力が広がれば、社会は自然とまとまっていくという発想だ。委員会は可能性につながる枠組みの役割を果たしている。もちろん、いつものように、結果は誰にも予想できないにしても。

しかしＴＲＣの活動が進むにつれて、隠れていた「真実」が次々と明るみに出てきた。新たな事実が浮かび上がるにつれ、被害者と加害者の二元論的な色分けが変化し、新たなパターンが形成された。そこには理解が深まりそうな期待があった。私たちが滞在中に目の当たりにした根本的な意味での一体感もそのひとつだろう。加害者が暴力を振るった家族の前で自分の行動を供述し、泣き崩れることも珍しくなかったらしい。

母親を殺された若い女性は、加害者である警官がそのときのことを語るのを聞いて実感した。「ＴＲＣは正義という名の報復を実現するための組織ではない。真実を追求するための組織だ[注13]」

私たち全員のすべてを表に出す。ＴＲＣは復讐の衝動から距離を置き、敵を人間として、「私たち」の一部として扱うために作られた。そう、社会変革の可能性をもたらす枠組みとして。

マンデラが語ったように、委員会は「過去を離れ、現在と未来に集中するのに役立った[注14]」。おかげで社会は次の一歩を踏み出せるようになったのだ。

たしかにヴィジョンには、内容によって、はやりすたりがある。しかし、「私たち」はけっしてなくならない。人間の鼓動を保ち、人間の可能性という旋律の推進力で動く。「私」から「私たち」への変化が、本書の最後の手法であり、旋律だ。

私たちを隔てる壁を意識的に壊し続け、「私たち」という進化し続けるコーラスの独特の声になること。それは誰にだってできる。どんな立場にいても、いつでも、どこでも。「私たち」の手法はほかのどの手法にもつながる。耳を澄ませばきっと、「私たち」がひとりひとりを通じて歌う調和のとれた声が聞こえるだろう。

ロサリオ

ベンの話

ニューイングランド音楽院ユースフィルハーモニック管弦楽団を連れて、チリへ演奏旅行に行ったときのことです。その日は午後に録音、夕方に演奏会の予定でした。午前中にリハーサルをしないほうがいいかとも思いましたが、自由に町に外出させて子どもたちが疲れてしまうのもまた心配でした。そこで私は、八十八人全員をサンチアゴのカレラホテルの最上階にあるホールに集めました。全員で曲をおさらいできるように、各自パート譜を持ってくるように言っておいたのですが、その場では指導するかわりに、旅行中の演奏について、特に解釈についての意見を求めることにしました。子どもたちの反応は申し分ありませんでした。まるで聞かれるのをじっと待っていたかのようでした。私が指導せずとも、自分たちで引き継いで進め、三時間近くの話し合いで、約半数の子どもがそれぞれの意見を述べました。自分のパートのことに限らず、トランペット奏者がビオラのパッセージについて鋭い意見を口にしたり、木管奏者がこれから演奏するかのようにチューバのことを語ったり……。私はこの演奏者たちの指揮ができて本当に光栄だと実感していました。

数日後、十二時間かけてバスで移動する予定だったのが、不運が重なって移動時間が延び、結局アルゼンチンを十七時間走ることになってしまいました。前日の晩はサンチアゴの世界的に有名なテアトロコミュナルでの演奏。次は権威あるコロン歌劇場で演奏するため、ブエノスアイレスに向かっていましたが、途中で数カ所、小さな町でも演奏する予定になっています。

長い移動のあいだに文句を口にした子どもはいませんでしたが、精神的にも肉体的にも疲れて、ロサリオの町の小さな無名の会場でその場しのぎの演奏をしたりしないかと心配になりました。

いままでは有名すぎるほど有名になったドヴォルザークの「新世界」の新たなリハーサル方法はないかと考えた私は、団員にいつもと違う場所に座るように指示を与えました。できるだけ多くの団員が普段なじみのない楽器の隣に座るようにと。第一バイオリン奏者がティンパニーの横に、オーボエ奏者がビオラのあいだに、ホルン奏者がチェロの中に位置をとりました。コンサートマスターと私のあいだに来たコントラバス奏者もいました。目的は、自分のパートにいては聞こえない新しい音と感触に接することです。

それに加えて、旅行中に毎日していたことですが、リハーサルの手がかりになる引用句を読み上げました。「扉がひとつ閉まると、必ず別の扉がひとつ開く」。それがその日の言葉でした。

自分はまったく目が見えないと想像するように、と私が語りかけると、全員が目をぎゅっと閉じ、ドヴォルザークを弾きはじめました。しばらくして、私は演奏を止めました。何カ月もかけて苦労して作りあげた独特の柔軟性と伸びやかさが完全に失われています。それは誰の耳にも明らかでした。目に見えるリーダーがいないので、硬直した四角い拍子にしがみつく以外ないのです。「視覚の扉が閉じたとき、今度は何の扉が開くだろう？」と尋ねると、「聴覚」という答えがすぐに数人から返ってきました。そして、もう一度、演奏しました。

私は演奏中に客席の後ろに行き、驚きのあまり息をのみました。夜が明けて、ようやく周囲の景色が浮かびあがってくるように、リハーサルの会場にまったく新しい演奏が現れたのです。

八十八人の演奏者の中に、意識して暗譜した者はひとりもいなかったでしょう。それでも、ドヴォルザークの「新世界」の第一章を記憶ではなく、心で弾いているのが心を通してひしひしと伝わってきました。目の見える演奏者の楽団でもこれほどの演奏はできないのに、団員たちは全員目を閉じて、理解を超えるような息の合った旋律を奏でています。

会場にいた何人か、ロサリオの教師や音楽を学ぶ学生が、涙を流しているのが見えました。私も同じように感極まって、舞台と会場にある確かな結びつき、そしてはじめて聞こえた声のようなもの

――そう、それは本物の声だった――すっかり感動していました。

私は高揚して、舞台に戻りました。さあ、奇跡的に視覚を取り戻し、しかもまだこの聴覚の新世界にいると想像して、もう一度やってみようと言い、第一楽章を演奏しました。団員はそれぞれに目を見開き、これ以上できないほどじっと耳を傾け、曲の微妙なニュアンスを確実にとらえています。心がひとつになるという体験をしたのはその瞬間でした。それまで何度も目指してきた体験。足を引っ張る人もいない。引っ張られる人もいない。そこにあるのは調和でした。旅行中の最高の瞬間、いえ、その年の最高の瞬間でした。

大きな演奏の合間に寄った小さな町でのできごと。特別なことなど何も起こりそうもない町で、私たちはそんな体験をしたのです。

壮大なことや大きな計画、素晴らしい評判や大きな成功はもう十分だ。私が切に求めるのは、小さな、目に見えない、愛情のこもった人間の力。それは人から人へと働きかけながら、世界の隙間を這い回っている。無数の小さな根や、わずかにしみ出る水のようなものだが、年月を重ねれば、人間の自尊心という最も頑丈な記念碑をも壊すだろう。

ウィリアム・ジェイムズ

コーダ

本書にたどり着いた読者の中には、現実に問題を抱え、解決策を探している方も少なからずいるだろう。旅行中に暇になって、たまたま本書を開いた方もいるかもしれない。少し読んだところで、問題を解決するどころか、拾い読みできるような類の本でもないことに気づいたかもしれない。

本書の目的は、自分を変える手段を提供することにある。

何から何に変えるのか。人生で何度もぶつかる困難と闘う人から、人生を演じる舞台を演出する人に。単なるひとつの音から、旋律に。部分的な表現から、全体的な表現に。「私」から、「私たち」に。どうやって変えるのか。それは音楽家がカーネギーホールにたどりつくのと同じ方法、つまり練習によってである。自分で表現する手法を選べば、ボートから落ちずにすむ。自分の声が、自分にしかできない形で、みんなに貢献する。困難な状況に注意をそがれず、自分の中の音楽に耳を傾ける。そうすれば、旋律として世界に旅立つことができる。

本書を読むうちに、自分というカンバスに、違う世界観が描かれた人もいるかもしれない。「大人」であることが、いままでとはまったく違って感じられるかもしれない。芸術家を思い出す人もいるだろう。人生は物語であり、私は自分の手で人生を創造する。そう断言する芸術家。それは読者であるあなた自身も変わらない。芸術家としての大人、人が助け合う宇宙で輝く片尻舞踏家、可能性を広げる意欲的な媒体……。

子どものころ、大人の自由と力を夢見たのを覚えているだろうか。どういうわけか夢は消え、元気がわいてくることもめったにない。仕事がうまくいったとき、活気のある集まりに参加したとき、たまに太陽を浴びて過ごしたとき、そんなときくらいしか、いまの私たちは生きる喜びを意識しない。しかし、もう世の中はすべて作りものだと分かったのだ。これを機会に人生の筋書きを書き換えよう。旅のあいだに、少々荷が増えすぎたかもしれない。足を踏み外しすぎたかもしれない。頭の中の声に耳を傾けすぎたかもしれない。いずれにしろ、ちょっとばかり道をそれてしまったということにしよう。子ども時代にはっきり見えた可能性は「悪循環」の中に消え、生まれたときに持っていた可能性を忘れてしまったとしても、それは素晴らしいことだ！

さあ、改めてまわりを見てみよう。今日という日、人生で出会う人、赤ん坊の泣き声、これから始まる会議、そういうものが突然、良いも悪いもないように見えてくる。何もかもがありのままの状態で、燦々《さんさん》と輝きを放ちはじめる。目覚めよう！　夢を取り戻すために……。

謝辞

ロズより

編集者として私たちが雇ったキャロル・リン・アルパートは、本書の構成を練り、風変わりな要素のあれこれを旋律に織りこむのを手伝ってくれました。ベンが外の世界で、企業経営者、オーケストラ、学生と一緒にこの新しい手法に世紀を吹きこむあいだ、終盤の作業に加わって、声、物語、言葉、句読点を整理し、しっかりとした形を与えてくれました。生まれながらに持っているリーダーシップ、幅広い知識、新鮮な発想、素晴らしい明るさを発揮し、人生の枠の外側にある協力関係の可能性に向かって、私の目と心を開いてくれました。私はけっして昔の自分には戻らないでしょう——幸いなことに。

ビクラム・サブカーの下調べに対する思慮深い姿勢はもちろん、本文の内容の検討で発揮した知性と、困難を極めた参考文献探しで見せた技は、私たちにとってきわめて貴重なものでした。

本書の誕生には、さまざまな背景があります。音楽家、有能な教師、そして何よりも、有能なコミュニケーション能力の持ち主としてのベンの成長を促したのは、母親のグレーテル・ザンダーでした。

常にはつらつとした彼女は、人間関係を大切にし、障害が目に入らない頼もしい人物です。
ベンが九歳のときに作曲した作品が地元の審査員に批判されたとき、すぐにベンをイギリスの一流作曲家、ベンジャミン・ブリテンのもとに送ったのは、この母親でした。ベンがブリテン、イモジェン・ホルスト、スペインの偉大なチェリストのガスパール・カサドから特別指導を受けるようになったのも、そもそも彼女のおかげと言えるでしょう。父親のウォルター・ザンダーがカサドにベンのチェロの指導料を請求してくれと頼んだとき、カサドはこう断ったといいます。「私が自分のレッスンの価値と考えている金額を請求したら、とても払えないでしょう」

カサドは指導料を一切受け取らず、五年間ベンに教え続けました。その寛大な精神を発展させたベンは、いまや何千人もの若者を指導し、奨学金の世話をしています。そして、経営者、会計士、医師、子ども、サラのような人生の終盤を迎えた人など、さまざまな人を相手に、音楽を媒体にして可能性を押し広げています。ベンの活動は、常に双方向です。ただ教えるのではありません。人が可能性の火花をとらえ、人生に取りこむのを見て、ベン自身も導かれ、充足感を得る。ベンが感謝の言葉を捧げたい相手はそのような人々です。

私に変化を求める傾向があるのは、母親のルーシー・ストーンの影響もあります。創造力が豊かで、文学の素養があるのは、母親から受け継いだものかもしれません。英文学を学んだこともあるのでしょう。私は構成主義者、つまり物語療法の影響を受けるようになりました。その手の用語が一般に知られるようになる前のことです。一方で、偶発性に明るいアーヴィング・ゴフマン、『日常生活の構成

――アイデンティティと社会の弁証法』（新曜社、山口節郎訳）を執筆したピーター・バーガーなどの思想家や作家に想像力を刺激され、世界観が変わりました。八〇年代のはじめに見た、ウンベルト・マッラナの実績についての短編映画では、人間がものを知る仕組みに対する見方がすっかり変わるという貴重な体験を得ました。家族療法の指導者であるデイヴィッド・カンター博士は、当初私に欠けていた相互作用の視点をもたらし、人を変えるという新しい可能性を示してくれました。

ランドマーク・エジュケーション、ファーナンド・フローレス、コンテグリティの教えは、本書で述べた人生の物語に通じ、補い合っています。なかでも、定義づけによって経験を変える訓練と力を強調した、ランドマーク・エジュケーションに感謝の言葉を捧げたいと思います。

娘のアレクザンドラ・パジェリスにもこの場でありがとうを言います。人間関係の面で支えになってくれ、私たち全員のあらゆる面と私たちの声が明確に表現しきれるように、全力を尽くしてくれました。息子のエヴァン・バジェリスは自分自身を見つめる従来とは異なる方法が記された文献を教えてくれるなど、特に規則その六の章の展開に多大な貢献をしてくれました。

ジュリエット・ゴーチャットとウアス・ゴーチャットの温かな支援にもお礼を述べます。執筆にかかった数年のあいだ、感情、知性、料理の面で支援してくれ、本書の構成を決めるにあたって、あらゆる面で導き役となってくれました。

大切な友人であり、ヴィジョンの達成に力添えしてくれたアン・ペレッツにもとても感謝しています。彼女は毎年一緒に出かけていた絵描き旅行を我慢してくれたし、問題にぶつかるたびに話し相手となって助言を与えてくれました。生涯の友であり、草案を熱心に読んでアドバイスをくれたスーザン・ムーシュとジュディ・ネイサンソンにも感謝を。

私の療法に参加して、自分自身と人生の発展にためらうことなく取り組んできた人々は、本書を展開させるに当たっての貴重な協力者です。残念ながらここに名前を挙げることはできないけれど、時代が変われば、精神療法を受けることは失敗の矯正と見なされるのではなく、貢献の能力を伸ばす訓練として高く評価されるに違いありません。

ケント・ラインバック、マイケル・モストーラー、ジョン・デクエヴァス、アントニア・ルーデンスタイン、クリストファー・ウィルキンズ、カイラ・エヤーズ、ジェレミー・トレステッドらの協力にも、心からお礼を言います。

本書を支えてくれた生態系として、自然の中の場所もいくつか挙げておきましょう。私が生活し、働いたメイン州ヴァイナルヘイヴン島の夏の家。ボタイン・エイウスが提供してくれた、港を見下ろす暖炉付きの家。マサチューセッツ州ダクスベリーの自然保護区にある小屋。池と森――そして一日の忙しい時間に、わざわざ水とエネルギーを供給してくれた人々。

上級エディターのマージョリー・ウィリアムズとディレクターのキャロル・フランコは常に活気と笑いをもたらしてくれました。

同様に、ハーバードビジネススクールプレスの方々に、心から感謝の言葉を。本書の制作作業全体が、十二の手法を具現するものになったのは、まさに彼らのおかげです。

参考文献（本文の中にある注の番号は以下の文献に対応する）

1 J.Y.Lttvin, H.R.Maturana, W.S.Mcculloch, and W.H.Pitts, "What the Frog's Eye Tells the Frog's Brain", Proceedings of the IRE47 (1940-1951), 1959, cited by Tor Norretranders, The User Illusion, trans. Jonathan Syndenham (New York: Viking Penguin, 1991), pp192-193

2 Richard L. Gregory, Eye and Brain: The Psychology of Seeing, 4th ed.(Princeton University Press, 1990), pp21-22, cited by Norretranders, The User Illusion, p186.

3 D.O.Hebb, "Science and the World of Imagination", Canadian Psychology 16 (1975), pp4-11.

4 J.B.Deregowski, "Real Space and Represented Space: Cross-Cultural Perspective", The Behavioral and Brain Sciences 12 (1989), p57, cited by Norretranders, The User Illusion, p187

5 Heinz R. Pagels, The Dream of Reason (New york: Nantam, 1988), 163, cited by Norretranders, The User Illusion, p188

6 Michael Gazzania, The Social Brain (New York: Basic Books, 1985), pp 70-72.

7 Paul R. Judy, "Life and Work in Symphony Orchestras: An Interview with J. Richard Hackman", Harmony: Forum of the Symphony Orchestra Institute, vol.2 April 1996), p4.

8 Seymour Levine and Rovert Levine, "Why They Are Not Smiling",Harmony col.2 (April 1996), p18.

9 Frank Sulloway, Born to Rebel (New York: Pantheon Books, 1996), p353.

10 Katherine Mieszkowski, "Change—Barbara Waugh", Fast Company, December 1998, p 146.

11 Marianne Williamson, A Return to Love (New York: HarperCollins, 1992)

12 Anthony Sampson, Mandela: The Authorized Biography(New York: Knopf, 1999)

13 Gillian Solovo, Guardian, 11 October 1998, quoted in Sampson, Mandela, p521.

14 Sampson, Mandela, p524.

者紹介

ザモンド・ストーン・ザンダー（ROSAMUND STONE ZANDER）

カウンセラー、家族療法士。リーダーシップ、人間関係、効果的行動のモデルを開発し、社会人向けに創造性を高める実践的理論を提唱。企業や政府機関の人材教育にも携わり、アスペン研究所、イギリス官公庁、ナショナル・パブリック・ラジオ、世界経済フォーラムをはじめとする大小のワークショップを開催。現在はケンブリッジで個人カウンセラーとして開業し、大きなプロジェクトを成し遂げるための「達成プログラム」を推奨。芸術家としての才能も開花させ、1981年には風景画家として最初の個展も開催。

ベンジャミン・ザンダー（BENJAMIN ZANDER）

1979年にボストンフィルハーモニー管弦楽団を創設。同楽団で指揮者を務める。同楽団によるベートーベンとマーラーの全曲集のライブ録音は有名。ボストンのニューイングランド音楽院では三十年間教鞭を執る。イギリス出身。九歳で作曲を始め、ベンジャミン・ブリテンやイモジェン・ホルストに学ぶ。チェロ奏者としてはイタリアやドイツにて、ガスパール・カサドに師事。リーダーシップと創造性に関する講演を数多く手がけ、1999年、ダヴォスの世界経済フォーラムで異文化の交流に多大な貢献をしたとしてクリスタルアワードを受賞。2008年にはTEDカンファレンスで講演し、好評を博した。

■訳者紹介

村井智之

翻訳家。ニューヨーク市立大学卒。主な訳書に『オーバル・オフィス.FN/大統領執務室』（フジテレビ出版、共訳）、『ハピネス』（アーティストハウス）、『ブレンダと呼ばれた少年』（扶桑社）、『くそったれ、美しきパリの12か月』（ヴィレッジブックス）、『暁に走れ』（小学館文庫）など。フィクションからノンフィクションまで多数。

2012年 11月 3日 初版第1刷発行

フェニックスシリーズ ④

人生が変わる発想力

――人の可能性を伸ばし自分の夢をかなえる12の方法

著　者　ロザモンド・ストーン・ザンダー、ベンジャミン・ザンダー
訳　者　村井智之
発行者　後藤康徳
発行所　パンローリング株式会社
〒160-0023　東京都新宿区西新宿 7-9-18-6F
TEL 03-5386-7391　FAX 03-5386-7393
http://www.panrolling.com/
E-mail　info@panrolling.com
装　丁　パンローリング装丁室
印刷・製本　株式会社シナノ

ISBN978-4-7759-4107-2